ULLSTEIN

W0178842

Das Buch

Sie wollten das große Abenteuer: Im Sommer 1914 brechen Sir Ernest Shackleton und seine Crew auf, um als erste Menschen die Antarktis zu durchqueren. Doch bevor die Männer überhaupt einen Fuß auf Land setzen können, wird ihr Schiff, die *Endurance*, vom Packeis eingeschlossen und zerdrückt. Ein monatelanger Überlebenskampf auf dem Treibeis beginnt. Endlich erreichen sie eine Insel. Aber um der ewigen Eiswüste zu entkommen, muß Hilfe geholt werden. F. A. Worsley sticht zusammen mit Shackleton und vier weiteren Männern nochmals in See – auf einem winzigen Beiboot. Ausgerüstet mit nur einem Kompaß, navigiert Worsley mit unglaublichem Geschick 800 Meilen durch die Eismassen. Eine atemberaubende Geschichte über Mut, Ausdauer, Hoffnung und menschliche Stärke.

Der Autor

F. A. Worsley, gebürtiger Neuseeländer, diente als Reserveoffizier in der Royal Navy, bevor Sir Ernest Shackleton ihn zum Kapitän der *Endurance* machte. Seinem seefahrerischen Können ist es zu verdanken, daß kein Teilnehmer der Antarktis-Expedition umkam. 1921 nahm Worsley noch einmal zusammen mit Shackleton an einer Expedition in die Antarktis teil, und 1925 war er sogar der Leiter der British Arctic Exploration. Worsley starb 1943.
Die Journalistin Sara Wheeler hat sieben Monate in der Eiswüste der Antarktis gelebt. Sie wohnte dort allein in einer Hütte auf dem Eis und besuchte verschiedene Forschungsstationen.

Von F. A. Worsley ist in unserem Hause bereits erschienen:
Der Untergang der Endurance

F. A. Worsley

Shackletons Expedition
in die Antarktis

*Mit einem Vorwort
von Sara Wheeler*

Aus dem Englischen
von Gerd Adams

Ullstein

Ullstein Taschenbuchverlag 2000
Der Ullstein Taschenbuchverlag ist ein Unternehmen der
Econ Ullstein List Verlag GmbH & Co. KG, München
Deutsche Erstausgabe
© 2000 für die deutsche Ausgabe by
Econ Ullstein List Verlag GmbH & Co. KG, München
© by The Estate of F. A. Worsley
© 1998 für das Vorwort by Sara Wheeler
Titel der englischen Originalausgabe: Shackleton's Boat Journey
(1940 Hodder & Stoughton; 1999 Pimlico/Random House, London)
Übersetzung: Gerd Adams
Redaktion: Lüra, Wuppertal
Umschlagkonzept: Lohmüller Werbeagentur GmbH & Co. KG, Berlin
Umschlaggestaltung: Init GmbH, Bielefeld
Titelabbildung: Scott Polar Research Institute
Gesetzt aus der Janson, Linotype
Satz: Josefine Urban – KompetenzCenter, Düsseldorf
Druck und Bindearbeiten: Clausen & Bosse, Leck
Printed in Germany
ISBN 3-548-35988-4

Inhalt

Vorwort

von Sara Wheeler

Beyond this flood a frozen continent
Lies dark and wilde, beat with perpetual storms
Of whirlwind and dire hail, which on firm land
Thaws not, but gathers heap, and ruin seems
Of ancient pile, all else deep snow and ice.

Jenseits des Stromes liegt ein eisig Land,
Wild, dunkel und von ew'gem Sturm gepeitscht
Mit Wirbelwind und grauser Hagelflut,
Die auf dem festen Lande nimmer schmilzt, Nein,
*   sind zu Bergen häuft, und nur wie Trümmer*
Uralter Säulen scheint. Rings tiefer Schnee
Und Eis...

Milton, *Paradise Lost**

Das heroische Zeitalter der Antarktis-Erforschung begann im Jahre 1895 mit dem 6. Internationalen Geographie-Kongreß am Imperial Institute in London. Ihm waren aufregende Entdeckungsreisen an vielen Orten der Welt vorausgegangen.

Während des 19. Jahrhunderts hatte der weiße Mann nach und nach den größten Teil Afrikas erforscht, neue Ziele

---

* Übers. von Adolf Böttger, Leipzig: Reclam, 1897.

7

waren nun gefragt. Am 3. August verabschiedeten die Delegierten des Kongresses von 1895 eine Resolution: »Der Kongreß ist der Ansicht, daß die Erforschung der Antarktisregionen die wichtigste Zukunftsaufgabe der geographischen Forschung sein sollte.«

In Großbritannien war das Polfieber besonders ausgeprägt. Die Eroberung der letzten weißen Flecken der Welt wurden als Krönung des Imperialismus verstanden. Nachdem in den Jahren 1908 und 1909 zwei Männer behaupteten, den Nordpol erreicht zu haben, wandten sich alle Augen nach Süden.

Vor der von Frank Worsley für die Nachwelt festgehaltenen Expedition war Ernest Shackleton schon zweimal in der Antarktis gewesen. Er diente auf Scotts Expedition von 1901 bis 1904 als Leutnant an Bord der *Discovery*. Gemeinsam mit Scott und Simon Wilson schaffte er es bis zum 81. Breitengrad, dann mußte er jedoch wegen einer Skorbuterkrankung nach Hause zurückkehren. Zuvor hatte Shackleton noch nie ein Zelt oder einen Schlafsack benutzt. Im Jahre 1907 kam er als Leiter seiner eigenen Expedition mit der *Nimrod* zurück in die Antarktis. Diese neue Expedition endete bei 88° 23' Süd, nur 111 Meilen vom Pol entfernt. Die Entscheidung zur Umkehr, bevor auch nur ein einziges Besatzungsmitglied verloren war, ist vielleicht Shackletons größte gewesen. Er kehrte als Held heim.

Als Shackleton an Bord der *Endurance* zum dritten Mal aufbrach, stand das Schiff unter dem Kommando von Leutnant Worsley. Shackletons Rekord, am weitesten nach Süden vorgestoßen zu sein, war inzwischen überboten worden. Der Norweger Roald Amundsen hatte den Pol erreicht. Scott war dies ebenfalls gelungen, aber weder er noch seine Begleiter waren lebend zurückgekehrt. Ein neues Ziel mußte her. Shackleton faßte den kühnen Plan, als erster Mensch die gesamte Antarktis zu durchqueren. Über 1 500 Meilen durch ewiges Eis lagen vor ihm. Der

Pol markierte nur die Hälfte des Weges. Shackleton wollte einen ganzen Kontinent erobern.

Am 1. August 1914 stach die *Endurance* von den West India Docks in London aus in See. Das Schiff war in Norwegen gebaut worden und wog 300 Tonnen. Ihr Ziel war das Weddellmeer. Dort wollte Shackleton eine Basisstation einrichten. Ein zweites Schiff, die *Aurora*, war auf dem Weg zur anderen Seite des eisigen Kontinents. Die Besatzung dieses Schiffes sollte auf Ross Island eine Basisstation errichten und Shackleton und seinem Team von der anderen Seite der Wegstrecke aus entgegenkommen. Auf dem Weg zum Treffpunkt sollten Depots für die letzten Etappen angelegt werden.

Shackleton gab diesem ausgesprochen ehrgeizigen Unternehmen den Namen *The Imperial Trans-Antarctic Expedition*.

Am 5. November 1914 ankerte das hölzerne Schiff vor der Insel South Georgia. Die Besatzung war 28 Männer stark: 11 Wissenschaftler und 17 Seeleute. Einen Monat später brach die Expedition nach Süden auf. Sie steuerten das Weddellmeer an, gerieten aber fast unmittelbar darauf in Packeis. Sie konnten sich noch 300 Meilen weiter quälen. Worsley beschrieb diese Zeit als »schönes, hartes Leben unter freiem Himmel«. Am 19. Januar fror das Schiff endgültig im Eis ein. In eine Eisscholle eingeschlossen, trieb es 1000 Meilen weit und wurde nach langem Kampf zermalmt. Hier setzt der vorliegende Bericht über Shackletons Antarktis-Expedition ein.

Am 27. Oktober 1915 verließen die Männer am 69. Breitengrad das bewegungsunfähige Schiff. Sie versuchten, ihre Vorräte über die Eisschollen an Land zu schaffen. Dieser Plan – den Worsley in seinen Berichten gar nicht erwähnt – wurde schnell verworfen. Die Männer ergaben sich ihrem Schicksal. Mit Schlitten würden sie sich nicht in Sicherheit bringen können, also kampierten sie fünf

Monate lang auf dem Treibeis. In dieser Zeit trieben sie 600 Meilen weit. Sie lebten vom Fleisch der Hunde und der Katze des Schiffszimmermanns. Am 9. April 1916 brachen die Eisschollen auseinander. Die Männer waren gezwungen, mit den drei kleinen Booten, die sie aus der *Endurance* geborgen hatten, in See zu stechen.

Sie erreichten Elephant Island, einen finsteren Ausläufer der südlichen Shetlands. Doch an diesem abgelegenen Ort würde sie niemand durch Zufall finden. Also setzten am Ostermontag sechs der Männer die Segel eines der kleinen Boote, der *James Caird*, um die Walstation auf South Georgia in 800 Meilen Entfernung zu erreichen. Diese 17tägige Strapaze steht im Mittelpunkt von Worsleys Bericht. Die Männer machten Unbeschreibliches durch. Aber mit der Landung waren sie noch lange nicht in Sicherheit. Worsley beschreibt die gefährliche Kletterpartie über noch nicht einmal auf Karten erfaßte Berge von der King Haakon Bay nach Stromness. Anschließend mußten sie die Männer retten, die unter zwei umgedrehten Booten auf Elephant Island lagerten und dort langsam aufzuweichen begannen.

Ich habe *Shackletons Expedition in die Antarktis* immer für die großartigste Geschichte gehalten, die jemals erzählt wurde. Wenn ich an die Stelle komme, an der die drei Männer die Walfangstation erreichen und sich ganz ruhig vorstellen – »Mein Name ist Shackleton« –, dann verstehe ich, warum meine Patenkinder immer aufs neue diese Geschichte hören wollen und keine andere. Auch ich liebe dieses Buch.

1924 veröffentlichte Worsley eine Fortsetzung seines Reiseberichtes in dem Magazin *Blue Peter*. Als Buch erschien er zunächst 1931 in einem Band mit dem Titel *Der Untergang der Endurance*. Dies war eine erweiterte Version von *Shackletons Expedition in die Antarktis*, die viele Jahre darüber hinausgeht. Die kürzere Fassung wurde zunächst 1940 bei Hodder & Stoughton herausgegeben und 1959 in einer Taschenbuchausgabe mit einem reißerischen Cover neu aufgelegt. 1974 gab die Folio Society eine Ausgabe mit festem Umschlag und Schuber heraus, mit einem Vorwort und Anmerkungen des ehrenwerten Duncan Carse versehen, der selbst ein Antarktispionier war und vielleicht der Mann, der South Georgia besser kennt als irgendein anderer. (Carse spielte übrigens später den Detektiv Dick Barton in der gleichnamigen Kult-Radioserie.) Drei Jahre danach erschien eine amerikanische Ausgabe mit einer Einleitung von Sir Edmund Hillary. Die folgende britische Auflage dieser Ausgabe trug den Titel *The Great Antarctic Rescue.**

Von den sechs Männern an Bord der *James Caird* veröffentlichten nur Shackleton und Worsley Berichte über diese Bootsreise. Shackleton war hoch verschuldet, als sie nach Hause kamen. Er wollte ein Buch herausbringen, bevor die Geschichte ihre Aktualität verloren hatte, deshalb engagierte er einen Ghostwriter. Sein Buch *South* erschien 1919, zwölf Jahre vor Worsleys *Untergang der Endurance* und 21 Jahre vor der Erstausgabe von *Shackletons Expedition in die Antarktis*. Worsley ließ sich die Zeit, in Ruhe zu überdenken, was geschehen war – er schuf den eindrucksvolleren Bericht. Stellenweise wirkt *South* selt-

---

* In *Shackletons Expedition in die Antarktis* schreibt Worsley, die *James Caird* sei in Klinkerbauweise, d. h. aus sich überlappenden Holzplanken gebaut worden. Diese Behauptung ist falsch. In *Der Untergang der Endurance* hat er es dagegen korrekt dargestellt: »Die *James Caird* war kraweelgebaut.« Der Fehler tauchte in der Erstausgabe des gekürzten Werkes 1940 auf und wurde nie korrigiert. Schaut man sich die *James Caird* an, so wird auf den ersten Blick deutlich, daß die Planken aneinanderstoßen, das Boot also aus bündig miteinander abschließenden Planken gefertigt wurde. Es ist eigentlich unvorstellbar, daß Worsley, der die *James Caird* genau kannte (und nach dessen Angaben sogar das Boot gebaut wurde), dieser Irrtum unterlaufen ist. Der Fehler wird also eher auf seiten des Herausgebers gelegen haben.

sam stilisiert. »Earnestly we hoped«, schrieb Shackleton oder sein Ghostwriter, »that never again would we encounter such a wave.« (Ernsthaft hofften wir, niemals wieder einer solchen Welle zu begegnen.) Vielleicht waren solche Stilblüten in Anbetracht des Termindrucks nicht zu vermeiden. Shackleton stützte sich auf die Tagebücher der Expeditionsteilnehmer, die sich bei Antritt der Reise vertraglich verpflichtet hatten, diese nach ihrer Rückkehr auszuhändigen. Insofern ist sein Bericht eher eine Sammlung unterschiedlicher Bruchstücke, der leider eine einheitliche Erzählperspektive fehlt. Stilistisch läßt der Bericht leider ebenfalls zu wünschen übrig. Worsleys Buch dagegen ist sowohl mitreißend erzählt als auch aus einem Guß.

Stellenweise blitzen Shackletons rhetorische Fähigkeiten trotz Ghostwriter durch. Er beschreibt, wie sie bei der Ankunft in South Georgia Axt, Logbuch und Kocher einfach auf den Strand fallen ließen. »Das war alles, was wir außer unserer nassen Kleidung aus der Antarktis zurückbrachten. Eineinhalb Jahre zuvor waren wir mit einem guten Schiff, voller Ausrüstung und guter Hoffnung aufgebrochen. Unsere Besitztümer haben wir verloren, aber an Erinnerungen sind wir reich. Wir sind zum Wesentlichen vorgestoßen. Wir haben gelitten, gehungert und triumphiert, wir haben verloren und doch nach dem Ruhm gegriffen, wir sind an der Größe der Herausforderung gewachsen. Wir haben Gott in all seiner Pracht gesehen und die Stimme der Natur gehört. Wir sind zur Seele des Menschen gelangt.«

Die etwa sieben Meter lange *James Caird* war nach einem der Sponsoren der Expedition benannt, einem wohlhabenden Jutefabrikanten aus Dundee. Nach der Reise nach South Georgia ließ Shackleton sie nach Birkenhead bringen, von wo aus Worsley sie in einem Güterwaggon nach London brachte. Sie war der Star verschiedener Wohltätigkeitsveranstaltungen und war sogar eine Zeitlang auf dem Dach des Kaufhauses Selfridges zu bewundern. Nach Shackletons Tod schenkte sein Schulfreund und Gönner John Quiller Rowett das Boot ihrer alten Schule, dem Dulwich College im Südosten Londons. 1967 wurde es an das Seefahrtsmuseum in Greenwich ausgeliehen, restauriert und zusammen mit Felsstücken ausgestellt, die von den Männern der modernen *HMS Endurance* auf South Georgia gesammelt worden waren. Als das Museum das Boot schließlich ausmusterte, kehrte es nach Dulwich zurück, wo es in einem Gartenhaus gelagert wurde.

1990 wurde das Boot von einem weiteren Schüler des Dulwich College, dem ehrenwerten Harding Dunnett, gerettet. Dieser hatte es sich zur Aufgabe gemacht, sowohl das Boot als auch den Ruf Shackletons wiederherzustellen. Er sorgte dafür, daß das Boot im Nordteil des College ordentlich ausgestellt wurde, schrieb ein fundiertes Buch darüber und machte sich dann daran, die *James Caird Society* zu gründen, die bald 500 Mitglieder zählte und sich zweimal im Jahr um das Boot herum versammelte, um dort zu dinieren und einen Toast auf Shackleton auszubringen. Ich habe viele Bilder der *James Caird* gesehen, aber als ich nach Dulwich fuhr, um sie mir anzusehen, schockierte mich ihre geringe Größe dann doch. Sie ragt nicht viel weiter über den Wasserspiegel hinaus als eine Badewanne. War es wirklich möglich, daß diese Männer darin 800 Meilen über den erbarmungslosen südlichen Ozean gesegelt waren?

Der Erste Weltkrieg lag wie eine schwarze Wolke über der Expedition. Der Krieg brach aus, als die *Endurance* die englische Küste entlangsegelte und bevor sie zu einem letzten Halt in Plymouth ankerte. Shackleton bot sein Schiff und die gesamte Besatzung für den Kriegseinsatz an, doch der First Lord of the Admiralty, ein gewisser Winston Churchill, antwortete mit einem Telegramm, auf dem nur ein Wort stand: »Weitermachen«.

In *South* schreibt Shackleton, daß »der Krieg ein ständiges Gesprächsthema war ... und während der langen Monate im Packeis viele Schlachten auf der Karte geschlagen wurden.« Er fügt Worsleys Bericht über ihr Zusammentreffen mit dem norwegischen Leiter einer Walfangstation eine bedrückende Anekdote hinzu. Shackleton fragte den Mann als erstes: »Wann war der Krieg zu Ende?« Man schrieb den 20. Mai 1916.

Ebenso wie Scott galt Shackleton während der Kriegsjahre als ein Symbol britischer Tatkraft. Sir Arthur Conan Doyle sagte einmal: »Wenn wir nur acht Männer vom Schlage Shackletons hätten, dann könnten wir auch acht Schlachtschiffe bauen.«

Als sie nach Hause kamen, traten die meisten der 28 Männer freiwillig in die Armee ein oder wurden eingezogen, auch Shackleton und Worsley. Der Kontrast zwischen ihren Kämpfen in der Antarktis und dem Schlachten in Europa durchzieht ihre Berichte wie ein Refrain. Shackleton widmete sein Buch »Meinen Kameraden, die in dem weißen Krieg des Südens fielen und auf den roten Feldern Frankreichs und Flanderns.« Frank Hurley, der Fotograf der Expedition, beendet sein Buch *Argonauts of the South* (Argonauten des Südens) mit den Worten: »Dem Krieg mit der Natur entkommen, war es unser Schicksal, unseren Platz in einem Krieg der Nationen einzunehmen. Das Leben besteht aus einer langen Reihe von Konflikten.« In *Shackletons Expedition in die Antarktis* erzählt Worsley eine traurige Anekdote: Er verkaufte dem Dritten Offizier Alfred Cheetham ein Streichholz, das mit einer Flasche Champagner bezahlt werden sollte, sobald Cheetham seinen sehnlichst erträumten Pub in Hull eröffnet hätte. »Er beglich seine Schuld nie«, bedauert Worsley, »da er beim Kampf gegen die Deutschen in der Nordsee unmittelbar vor dem Waffenstillstand sein Leben ließ.« Man schaudert noch heute.

Nach Kriegsende reisten Worsley und einige der anderen Besatzungsmitglieder nochmals mit Shackleton nach Süden, an Bord des Holzschiffes *Quest*. Am 5. Januar 1922 starb Shackleton an Bord des Schiffes vor South Georgia. Worsley schließt das Buch *Endurance* mit einem bewegenden Bericht über den Tod seines Freundes. »Siebeneinhalb Jahre lang waren wir die engsten Freunde gewesen«, schreibt Worsley, »und den größten Teil dieser Zeit standen wir in täglichem Kontakt. Wir hatten gemeinsam viele Schattentäler durchschritten, und mit jedem Gelingen war die Verbindung zwischen uns stärker geworden. Ich wußte, daß ich niemals mehr einen Menschen wie ihn treffen würde.«

»Sicherlich«, so schrieb er weiter, »kann man bei einem Mann wie Shackleton nicht von einem wirklichen Ende sprechen: Etwas von seinem Geist lebt in uns weiter.« In der Tat.

Vielleicht hatten Worsley oder seine Herausgeber auch den wirtschaftlichen Erfolg im Blick, als sie diesen Bericht *Shackleton's Boat Journey* nannten. Worsley war der Skipper der *James Caird* und als Navigator der Mann, der wesentlich für den Erfolg der Reise verantwortlich war. Aber Shackleton war der Held, und ihm gilt das Buch. Nach Shackletons Tod geschrieben, den Worsley zeitlebens als großen Verlust empfand, ist das Buch eine Hymne an dessen Führungsqualitäten. Seine starke Persönlichkeit ist eines der Leitmotive des Textes. Unter Shackleton hatte kein Besatzungsmitglied jemals unter Skorbut leiden müssen, eine Tatsache, die Worsley seiner »ständigen Sorgfalt« zuschreibt. Wie Shackleton Holness »instinktiv« rettet, das liest sich bei Worsley wie ein alttestamentarisches Wunder Gottes. Hier gewinnt Shackleton wahrhaft prophetische Züge.

»Wir waren voller Hoffnung und Optimismus – Gefühle, die Shackleton nachdrücklich pflegte«, schreibt Worsley zu einem Zeitpunkt, als die Situation völlig aussichtslos wirkte. »Er schien jeden einzelnen Mann genau zu kennen,« fährt er fort. Wenn Shackleton bemerkte, daß ein Mann am Ende war, bestellte er heiße Milch für alle, ohne zu verraten, für wen genau, damit sich niemand beschämt fühlen müsse. »Seine Sorge um seine Leute war so groß«, schreibt er, »daß diese harten Männer sie bisweilen schon fast etwas weiblich fanden.« Ein ausgesprochen lobenswerter Zug eines großen Mannes.

Doch er war kein Heiliger. Worsley schreibt in Teil III, daß der Boß, wie sie ihn nannten, oft reizbar war. In *Endurance* schrieb Worsley, daß Shackleton ihm auf einer der Rettungsfahrten zurück nach Elephant Island die Schuld für den aufkommenden Sturm zu geben schien. Worsley trug dies mit Fassung. »Ich war glücklich, daß er ein Ventil für seinen Zorn hatte.«

Shackleton war trotz seiner Launenhaftigkeit ein charismatischer Führer. Frank Wild, der alle Expeditionen Shackletons begleitete und nach dem Tod des »Bosses« die Führung der *Quest* übernahm, sagte bei einem Treffen der Royal Geographical Society am 13. November 1922: »Ich bin in der einzigartigen Situation, seit meiner ersten Reise mit der *Discovery* unter allen nennenswerten britischen Antarktisforschern gedient zu haben, und habe daher aus erster Hand einen Eindruck von deren Arbeit. Was Führungsqualitäten, Organisationsfähigkeit, Mut sowie Einfallsreichtum angeht, steht Shackleton an erster Stelle, und er muß als der hervorragendste Entdecker seiner Zeit bezeichnet werden.« Apsley Cherry-Garrard, der mit Scott nach Süden ging, zog einen Vergleich, der seitdem häufig zitiert wurde: »Gebt mir für eine wissenschaftliche und geographische Expedition Scott; für eine Winterexpedition Wilson; für einen Kurzbesuch am Pol und nichts anderes Amundsen – und wenn ich wirklich in der Sch... stecke und herauswill, dann gebt mir bitte Shackleton.«

16

Shackleton war eine Art Poet des Südens. Hurley berichtet von einer Episode, die sich zutrug, als die Männer das zerborstene Schiff verließen. Sie hatten einen Teil ihres Eigentums gerettet. Wegen des Gewichtes hatten sie nur wenig mitnehmen können. Als sie gerade aufbrechen wollten, erblickte der Boß eine Ausgabe der Gedichte Brownings auf dem Eis. Er steckte die Hand in seine Tasche, warf ein paar Münzen auf das Eis und sagte: »Ich werfe Wertloses fort und werde dafür mit goldenen Inspirationen belohnt.«

Es war der unendliche Raum der Phantasie, der ihn lockte. Louis Bernacchi, Physiker auf der *Discovery*, vermerkte in seinem Tagebuch, daß die Antarktis für Shackleton in Wahrheit gar nicht existierte. Roland Huntford, Polarhistoriker und Verfasser einer wissenschaftlichen Arbeit über »den Boß«, faßte diesen wesentlichen Charakterzug Shackletons folgendermaßen zusammen: »Ihn faszinierte die innere, nicht die äußere Welt.«

Shackleton schrieb einmal an eine Verehrerin: »Ich habe Ideale, und tief in meinem eigenen Weißen Süden öffne ich meine Arme für die Romantik all dessen.« Dies, so glaube ich, ist der Schlüssel zu seiner Popularität. Wir alle haben tief in uns unseren eigenen Weißen Süden.

Worsley wurde im Jahre 1872 in Akaroa in Neuseeland geboren. Mit 15 Jahren heuerte er als Schiffsjunge auf den Segelschiffen der New Zealand Shipping Company an und diente später zunächst als Maat und dann als Kapitän auf Regierungsschonern im Südpazifik. Nach der Umstellung auf Dampfschiffe wurde er Mitglied der Royal Navy Reserve. Damit endet sein Buch *First Voyage in an Square-Rigged Ship*, eine Abenteuergeschichte über seine frühen Jahre, die 1938 erschien. »Als wir mit unserem Gepäck in der Hand auf den Bahnhof zumarschierten, sah ich eine Person auf mich zukommen, an die ich mich sehr gut erinnerte. Ich vergaß, daß ich ein gestandener Seemann war, der die ganze Welt umsegelt hatte. Ich erinnerte mich nur noch daran, daß ich ein Junge und daß dies mein Vater war.«

In *Endurance* berichtet Worsley, daß er sich Shackletons Expedition wegen eines Traumes angeschlossen hatte. In diesem Traum steuerte er ein Schiff die Burlington Street in London hinunter, die ganz mit Eis bedeckt war. Am folgenden Tag (»Seeleute sind abergläubisch«) eilte er zur Burlington Street und fand dort das Expeditionsbüro vor. Shackleton bewies die für ihn typische Impulsivität und heuerte Worsley sofort als Kapitän an. »Als ich in jenem schwachen und kalten Dämmerlicht daran dachte«, schreibt Worsley in *Endurance,* »inmitten einer Welt aus Eis und Schnee, schickte ich ein stummes Dankgebet zum Himmel, der mich an jenem Tag, der schon so lange zurückzuliegen schien, zur Burlington Street geschickt hatte. Denn was auch immer geschehen würde, ich erlebte ein großes Abenteuer, und ich erlebte es an der Seite eines großen Mannes.«

Nach der *Quest*-Expedition ging Worsley mit der britischen Arktis-Expedition nach Norden. Danach fuhr er auf verschiedenen Handelsschiffen weiter zur See. Zu diesem Zeitpunkt war er schon Fregattenkapitän der königlichen Marine und hatte den Orden des britischen Empires, den OBE, erhalten. Im Krieg wurde er hoch dekoriert, weil er unter anderem drei feindliche U-Boote abgeschossen hatte. Worsley starb 1943 in Claygate in der Grafschaft Surrey in Südengland. Anders als Shackleton war Worsley durch und durch Seemann, und in seinem Nachruf in der Zeitschrift *Polar Record* stand zu lesen: »Als Navigator suchte er seinesgleichen.«

Ich würde gerne noch ein Wort zu Worsleys großartiger Navigationsleistung auf der *James Caird* sagen. Er war es, der sie nach South Georgia brachte, nicht Shackleton. Er verwendete die Methode des Koppelns, bei der die eigene

Position aufgrund der Richtung und der zurückgelegten Distanz mit gegißtem Besteck errechnet wird, statt sie mittels astronomischer Beobachtung zu bestimmen. In diese Berechnungen muß die Position der Sonne einbezogen werden, aber während dieser Schiffsreise zeigte sich die Sonne nur ein- oder zweimal, und auch dann nur für kurze Zeit. Koppeln, so schreibt Worsley, wurde zu einem »fröhlichen Ratespiel«. Dazu kam, daß die Karte, die er von South Georgia hatte, unvollständig und ungenau war. Seine Leistung bleibt in der langen Geschichte der Seefahrt fast ohne Vergleich.

In seinem kurzen Buch erscheint er als ausgesprochen sympathische Figur, der seine Kollegen häufig lobt und genug Einfühlungsvermögen besitzt, schwächere Männer nicht mit Namen zu nennen: etwa denjenigen, der vom Frost gelähmt beim Verlegen des Camps auf Elephant Island das Ruder fallen ließ. Worsley gibt an, daß ihm die 22 Männer leid taten, als er mit der Rettungsmission beschäftigt war – ein großherziges Gefühl, wenn man die Schrecken bedenkt, die er an Bord der *James Caird* ertragen mußte. Seine unveröffentlichten Tagebücher, die dem Scott Polar Research Institute in seinem Todesjahr von seiner Witwe übergeben wurden, sind durchgehend informativ und heiter. An dem Tag, als sie das Schiff aufgaben, wechselte Worsley von Tinte zu Bleistift, und elf Tage später, als sie auf einer Eisscholle kampierten, schrieb er: »Obwohl ich nach vorn schaue und versuche, mit allen möglichen Gefahren fertig zu werden, mache ich mir keine großen Sorgen wegen dieser vermutlich unvorstellbaren Gefahren. Statt dessen lebe ich sorglos und glücklich in der Gegenwart, und ich kann ganz ehrlich behaupten, daß ich mich zur Zeit sehr viel wohler fühle, als es mir in der Zivilisation möglich wäre.«

Er ist ein geborener Erzähler. Wie ein erfahrener Profi lockert er seine Berichte mit direkter Rede auf und unterbricht die erbarmungslose Aufzählung von kreideweißer Haut und erfrorenen Zehen mit einer wunderschön geschriebenen Beschreibung eines Albatros. In einer anderen bewegenden Stelle beschreibt er einen Strand, der von Wrackteilen von Schiffen übersät ist, die dem südlichen Ozean zum Opfer gefallen sind. Immer wieder setzt Worsley die Schönheit der Antarktis gegen die Strapazen, die die Männer erleiden mußten. »Plötzlich«, so schreibt Worsley, »reißen die Wolken auf, und die rosa schimmernden Klippen eines riesigen Eisbergs erscheinen hoch über dem sturmgepeitschten Wasser der Bucht.« Sein Prosastil ist gleichmäßig und gemessen, sparsam versetzt mit eleganten Bildern. In Teil I kriecht das Eis »mit seiner menschlichen Fracht« nach Norden. Als der glücklose Holness ins Meer fällt, als unter ihm das Eis aufbricht, findet Shackleton ihn »wie einen erwachsenen Moses« in seinem Schlafsack. Wenn das Buch Gefühle anrührt, dann an der Stelle, an der sich Worsley und Shackleton am Ruder der *Caird* aneinanderschmiegen. »Während ich steuerte«, schreibt Worsley, »lag sein Arm um meine Schultern, und wir besprachen leise und voller Sehnsucht unsere Pläne. Wir rauchten die ganze Nacht – er rollte für uns beide Zigaretten, ich war drin nicht sehr geschickt. Ich denke oft mit stolzer Zuneigung an diese Stunden mit einer großen Seele.«

Niemand kam ums Leben. Dies wird oft über die Expedition behauptet, aber die Aussage ist irreführend. Niemand starb unter Shackletons Kommando, aber auf der anderen Seite der Antarktis kamen drei Mitglieder der Truppe ums Leben, die der Shackleton-Expedition vom Rossmeer aus entgegenziehen sollte. Nach qualvollen Monaten waren sie unbeirrt bis zu den Ausläufern des Beardmoregletschers vorgedrungen. Sie wußten nicht, daß die *Endurance* längst gesunken war. Ihr eigenes Schiff war vom Sturm weggerissen worden, bevor die Vorräte entladen waren. Die Männer mußten zwei Winter lang ohne angemessene Vorräte auskommen. Einige wechselten ihre Kleidung zwei Jahre lang nicht. »Wenn es eine Hölle gibt«, schrieb Ernest Joyce in sein Tagebuch, »dann ist sie hier, und die Schlafsäcke sind schlimmer als die Hölle.« Dennoch konnte Dick Richards Jahre später schreiben: »Daß die Anstrengungen unnötig und die Opfer sinnlos waren, ist letztlich ohne Bedeutung. In meinen Augen wird kein Unternehmen bis zum Ende durchgeführt, wenn es keinen Sinn hat. Deshalb glaube ich nicht, daß unser Kampf nutzlos war. Er hat ein Zeichen für den menschlichen Geist gesetzt.«

Shackletons Expedition in die Antarktis ist die Geschichte einer starken Persönlichkeit und gleichzeitig eine Geschichte von Kameradschaft. Auf der Expedition ging nicht alles glatt: Kurz nach dem Untergang des Schiffes kam es zu einem häßlichen Streit zwischen Shackleton und Harry McNeish, dem Zimmermann. Worsley erwähnt ihn nicht. Shackleton merkt in *South* an, daß einige der Männer in einer besonders schwierigen Zeit »den Wunsch äußerten, sich niederzulegen und zu sterben«. Trotz solcher Episoden hat ihr Verhalten etwas Nobles an sich. Viele Jahre später schrieb Apsley Cherry-Garrard, es sei Charakterstärke gewesen, die damals getragen habe. Heute, so fuhr er fort, leben wir »in einer Zeit, der der Charakter völlig egal ist, einer Zeit, in der nur noch Ehrgeiz und materieller Erfolg zählen«. Gerry spürte, daß die Männer späterer Jahre sich nicht für »die goldene, reine, glänzende Kameradschaft« interessieren würden. Seine Vermutung sollte sich als richtig erweisen. Aus Abenteuern am Pol entstehen keine Bücher wie *Shackletons Expedition in die Antarktis* mehr. Statt dessen konzentrieren sich die Berichte darauf, wie langsam der andere war oder wer unterwegs mit wem gestritten hat. »Nachher fühlten wir uns ängstlich und verletzt«, schrieb ein Forschungsreisender über eine Schlittenreise im Jahre 1985.

In Teil III schreibt Worsley, daß er mehrmals das Gefühl hatte, es sei noch jemand anwesend, als er, Shackleton und Tom Crean die Berge in South Georgia überquerten. Shackleton hatte darüber schon in seinem eigenen Bericht ausführlich geschrieben. »Wenn ich auf jene Tage zurückschaue«, schrieb er in South, »bin ich fest davon überzeugt, daß uns das Schicksal lenkte ... Ich weiß, daß ich während dieses langen und qualvollen Marsches von 36 Stunden über die ungezählten Berge und Gletscher in South Georgia stets spürte, daß wir häufig nicht zu dritt, sondern zu viert waren. Ich sagte damals nichts, aber hinterher kam Worsley zu mir: ›Boß, ich hatte auf dem Marsch das seltsame Gefühl, daß uns jemand begleitet hat.‹ Crean gestand dasselbe. Man fühlt die Unzulänglichkeit menschlicher Worte, die Rauheit der sterblichen Sprache, wenn man versucht, Unfaßbares zu beschreiben, aber ein Bericht über unsere Reisen wäre unvollständig, wenn wir dieses Thema, das uns sehr am Herzen liegt, nicht erwähnten.«

Dieser vierten »Person« war ein Platz in der Geschichte sicher, als T. S. Eliot angab, daß Shackletons Bericht darüber ihn zu einer Strophe von *Das wüste Land* inspirierte. (Eliots Erzähler spürt eine dritte »Person«, obwohl er nur einen Gefährten neben sich hat.) Eliot konnte nicht wissen, daß diese ganze Geschichte von einer vierten Person später hinzugedichtet wurde, um die Verkaufszahlen von *South* in die Höhe zu treiben. Das paßt zwar gut zu Shackleton, aber man fragt sich doch, ob Worsley dieses Gefühl wirklich hatte oder ob er die Geschichte des Bosses aus Loyalität stützen wollte.

Die Geschichte hat Scott den Vorzug gegeben. Shackleton wurde zu seinen Lebzeiten berühmt, aber Scott wurde Teil der nationalen Psyche. Er erreichte nicht nur den Südpol, er starb auch in einer kritischen Phase der Geschichte des Landes den Heldentod. Scott wurde in früheren Jahren rückhaltlos verherrlicht und in letzter Zeit, vielleicht eben deshalb, durch die Mühle des historischen Revisionismus gedreht.

Sie waren keine Freunde. Scott gehörte der königlichen Marine an, Shackleton dagegen der Handelsmarine. Dieser Unterschied erklärt vieles. Scott war Engländer aus Passion, Shackleton dagegen, der einmal ohne Erfolg für die Unionisten für das Parlament kandidiert hatte, anglo-irischer Herkunft. Shackleton handelte oft impulsiv. Er soll Ernest Joyce angeheuert haben, als er ihn in einem Bus am Büro der Expedition vorbeifahren sah. Seine persönlichen und finanziellen Angelegenheiten waren chaotisch, und der Begriff »still leidend« könnte für Shackletons Frau Emily geprägt worden sein. Es ist kaum überraschend, daß er Streit mit der Admiralität hatte: Für eine Institution war er viel zu auffallend. Er trank und rauchte zuviel, und er hinterließ bei seinem Tod große Schulden. Er war zu groß für ein normales Leben.

Aber er ist sympathisch. Und seine Popularität steigt. Insbesondere die *Endurance*-Expedition wird endlich als die große Geschichte des Überlebens anerkannt, die sie in Wirklichkeit auch war. Erinnerungsstücke erzielen erstaunliche Preise. Im September 1996 beschloß das Auktionshaus Christie, es mit einigen Aquarellen von George Marston zu versuchen. George Marston war der Maler der *Endurance* – Worsley erwähnt, daß er die Fugen der *James Caird* mit seinen Farben versiegelte. Ein Gemälde der drei Schiffe und von einigen Männern auf einer Eisscholle waren im Katalog mit Preisen von 8 000 bis 10 000 Pfund angegeben und wurde für 29 900 Pfund (etwa 100 000 DM) verkauft. Plötzlich wurden überall auf Speichern Marstons gefunden.

Es war Vivian Fuchs, die den Kontinent endlich durchquerte, 40 Jahre nach Shackletons vergeblichem Versuch. Zu Beginn dieses Jahrzehnts wagte der Norweger Borge

Ousland allein und ohne Unterstützung eine Durchquerung. Als ich 1994 an der Südpolstation war, kam eine Norwegerin namens Liv Arnesen am Weihnachtstag auf Skiern vom Hercules-Inlet und setzte sich zum Weihnachtsessen mit gebratenem Truthahn zu uns in die Küche.

Die »Imperial Transantarctic Expedition« war insofern ein Mißerfolg, als sie ihr Ziel nicht erreichte. Aber wie Roald Amundsen im *Daily Chronicle* schrieb: »Niemand soll sagen, daß Shackleton versagt hat... Ein Mensch, der solch ein Beispiel für großen Mut, ungebrochene Entschlossenheit und unverminderte Ausdauer gibt, hat nicht versagt.« *Shackletons Expedition in die Antarktis* handelt von der Größe und Würde des menschlichen Geistes. Das ist wohl ein zeitloses Thema, welchen Pol man sich auch als Ziel setzen mag.

Ich habe eine ganze Reihe von Tagebüchern gelesen, die von den frühen Forschungsreisenden geführt wurden. Als ich dann in der Antarktis war, dachte ich oft an diese Menschen mit Pioniergeist. Sie schienen aus einem fast homerischen Zeitalter der Antarktiserforschung zu stammen und schienen die Eisberge wie Kolosse mit Steigeisen zu überspannen. Ein amerikanischer Geologe fragte mich einmal, als wir an einem Stück des Nanseneises herumhackten, wen ich am liebsten begleitet hätte. Obwohl ich viele Forscher bewundere, war es eine einfache Entscheidung.

Ich hätte Shackleton begleitet.

TEIL 1

**Von der *Endurance*
nach
Elephant Island**

I

Man könnte das Weddellmeer als antarktischen Ausläufer des Süd-atlantischen Ozeans bezeichnen. An seinem südlichen Ende, am 77. Breitengrad, saß Sir Ernest Shackletons Schiff, die *Endurance*, in dichtem Packeis fest. Sie stand unter meinem Befehl. In diesem Februar fiel die Temperatur auf über zehn Grad unter Null – eine ungewöhnliche Kälte für den südlichen Sommer 1914–1915.

Das Packeis war zu einer undurchdringlichen Eismasse gefroren. Wir konnten das eingeschlossene Schiff nicht wieder freibekommen, und so trieb es mit dem Eis. Es trieb vom Sommer bis in den Winter hinein insgesamt 1000 Meilen in nordwestliche Richtung. Am 69. Breitengrad geschah, was wir alle seit Wochen befürchtet hatten. Die *Endurance* wurde vom Eis zermalmt. Sie versank in den Tiefen der antarktischen See.

Unsere Gruppe von 28 Männern – 11 Wissenschaftler und 17 Seeleute – kampierte in leichten Zelten auf dem Packeis. Sonne und Mond schienen durch die Stoffbahnen hindurch, und die schneidende Kälte und die Schneestürme ließen uns gefrieren. Wir lebten vom Fleisch erjagter Seehunde und Pinguine. Das Eis kroch mit seiner menschlichen Fracht langsam in Richtung Norden – 600 Meilen in fünf Monaten.

Am 9. April 1916 brachen die Eisschollen unter unseren

Füßen auseinander – der nördliche Teil des Packeises wurde von den Stürmen über dem Südatlantik zerschmettert.

Wir ließen die drei Beiboote zu Wasser, die wir aus dem Wrack der *Endurance* geborgen und sorgfältig instand gehalten hatten, um unser nacktes Leben vor dem berstenden Eis und dem Wüten der Stürme zu retten.

Neben Eis und Sturm waren Schwertwale am Rande des Packeises unsere gefährlichsten Feinde. Diese Tiere können weit über sieben Meter lang werden. Wenn sie ihr gewaltiges Maul aufreißen, sieht man ihr messerscharfes Gebiß deutlich. Einem Bericht zufolge fand man im Magen eines erlegten Tieres zwölf Seelöwen und zehn Delphine! Ich muß wohl kaum betonen, daß wir einen großen Bogen um dünnes Eis machten, wenn diese Killerwale in der Nähe waren. Sie schrecken nicht davor zurück, selbst einen Blauwal anzugreifen, obwohl dieser bis zu hundert Tonnen wiegen kann. Zwei Killerwale beißen sich am Unterkiefer des riesigen Wals fest und zwingen ihn durch ihr Gewicht, sein Maul zu öffnen. Zwei weitere stoßen hinein und reißen die Zunge heraus, die gut und gern zwei Tonnen wiegen kann. Die Killerwale verschlingen diese Delikatesse gemeinsam, während ihr unglückliches Opfer langsam einen qualvollen Tod stirbt.

Mitte des Herbstes befanden wir uns rund 60 Meilen südöstlich von Elephant Island. Diese unwirtliche, eisbedeckte Insel gehört zu den südlichen Shetlands und liegt etwa 480 Seemeilen südlich von Kap Hoorn. Sie mißt von Osten nach Westen etwa 25 Meilen und von Norden nach Süden etwa 15 Meilen.

Nachdem wir die *Endurance* verloren hatten, war uns nur zu klar, daß wir in unseren winzigen Booten den Ozean würden überqueren müssen. Dies allein würde uns retten, wenn wir erst einmal den Rand des Packeises erreichen würden. Schon Monate zuvor hatte ich mögliche Kurse ausgeklügelt und Entfernungen zu verschiedenen Inseln des südlichen Ozeans berechnet, ja sogar zum guten alten Kap Hoorn selbst – möge es verdammt sein! Wo auch immer wir aus dem Eis ausbrechen würden, uns erwartete eine stürmische Passage mit heftigen Winden, hohem Seegang und eiskaltem Wetter.

Die Abmessungen, Namen und Besatzungen unserer drei Boote, denen wir uns unter Sir Ernest Shackletons Leitung anvertrauten, waren wie folgt:

Die *James Caird*, nach meinen Anweisungen in Poplar, London, gebaut, maß fast sieben Meter in der Länge und etwa zwei Meter in der Breite. Ich hatte die maximale Last, die sie ohne Gefahr aufnehmen konnte, mit dreidreiviertel Tonnen berechnet. Unser Schiffszimmermann hatte sie auf eine Höhe von gut einem Meter hochgezogen und an beiden Enden mit einem Deck versehen, wodurch sie sicherer wurde als die beiden kleineren offenen Boote. Ihr Kapitän war Sir Ernest selbst, die Crew bestand aus Wild, Vincent, McCarthy, Hurley, Clark, McNeish, James, Wordie, Hussey und Green.

Die *Dudley Docker* wurde in Sandefjord in Norwegen gebaut. Sie war gut sechseinhalb Meter lang, nicht ganz zwei Meter breit und hatte knapp einen Meter Tiefgang. Sie war das schnellste der drei Boote, und ihr Ladevolumen betrug eineinhalb Tonnen. Kapitän: Worsley; Besatzung: Greenstreet, Cheetham, Macklin, McLeod, Marston, Kerr, Lees und Holness.

Die *Stancomb Wills*, ebenso in Sandefjord gebaut, war sieben Meter lang und eindreiviertel Meter breit. Vom Kiel bis zum Dollbord maß sie etwa einen dreiviertel Meter. Ihr Ladevolumen betrug eineinviertel Tonnen. Kapitän: Hudson; Besatzung: Crean, How, Bakewell, McIlroy, Blackborow und Stephenson.

In der Praxis stellte sich später heraus, daß wir das Ladegewicht der Boote geringfügig reduzieren mußten, damit wir bei den schweren Stürmen nicht zuviel Wasser aufnahmen. Denn sonst wären unsere Männer bei bitterer Kälte ununterbrochen vom Wasser durchnäßt worden, was einige sicher nicht überlebt hätten. Die Boote hatte Shackleton übrigens nach seinen wichtigsten Sponsoren benannt.

Auszüge aus meinem Logbuch:

»Sonntag, 9. April 1916. Position 61° 56' S, 53° 56' W. Mäßige südwestliche bis südöstliche Winde, hohe Stratus- und Kumuluswolken. Es ist zu hoffen, daß die Windrichtung konstant bleibt, damit wir nicht östlich an Clarence Island vorbeitreiben.« (Clarence Island lag zwölf Meilen östlich von Elephant Island. Wären wir an diesen Inseln vorbei in den offenen Ozean hinausgetrieben, hätte das für uns alle, die wir in den kleinen Booten zusammengepfercht waren, das sichere Ende bedeutet.)

An jenem Tag entdeckten wir um 7 Uhr morgens am westlichen Horizont Risse und schmale Wasserrinnen im Packeis. Diese waren aber für die Boote noch nicht befahrbar, da eine starke Strömung aus Nordwesten die Eisschollen immer wieder gegeneinanderpreßte. Darüber hinaus versperrten umhertreibende Eisschollen die Durchfahrt. Dennoch brachen wir die Zelte ab und packten alles zusammen, um ständig abfahrbereit zu sein. Nach dem Frühstück schloß sich das Eis wieder ein wenig.

»11 Uhr. Unsere Scholle ist mitten unter dem Camp durchgebrochen, genau an der Stelle, an der noch kurz zuvor Shackletons Zelt stand. Mittagessen um 12 Uhr.«

»13 Uhr. Das Packeis hat sich endlich so weit geöffnet, daß wir die Boote zu Wasser lassen können. Wir nehmen Schlitten mit, unsere Zelte und Robbentran als Nahrung und Brennstoff.«

Bis 13.30 Uhr hatten wir die Boote zu Wasser gelassen, sie beladen und uns in einen Bereich freigerudert, wo das Wasser zumindest teilweise offen war. Die *James Caird* transportierte einen Schlitten quer über ihrem Bug, während die *Dudley Docker* einen weiteren im Schlepptau hatte. Wir stellten jedoch fest, daß es unmöglich war, mit solchem Ballast durch schweres Eis zu manövrieren, und mußten die Schlitten aufgeben. 14 Uhr. Nachdem wir etwa eine Meile zurückgelegt hatten, erwischte uns beinahe ein großes Packeisfeld. Es näherte sich mit einer Geschwindigkeit von drei Meilen pro Stunde. Zwei bedrohliche Eiswände trieben von beiden Seiten auf uns zu und überholten uns schließlich, während sie eine hohe Bugwelle vor sich herschoben. Nur mit äußerster Mühe konnten wir uns und unsere Boote davor bewahren, überspült und zerschmettert zu werden. Trotz der extrem niedrigen Temperaturen waren wir schweißüberströmt.

»Sir Ernest hat unsere Mahlzeiten auf Robbenfleisch und Tran beschränkt. Dazu gibt es 200 Gramm Trockenmilch pro Tag für die ganze Mannschaft.«

»18.30 Uhr. Es wird dunkel. Sind sieben Meilen nach Nordwesten gerudert. Mußten Fahrt unterbrechen und auf dem Eis kampieren, weil die Boote in der Dunkelheit von den dichtgedrängten Eisschollen zerdrückt werden könnten.«

Wir zogen die Boote auf eine große Eisscholle, auf der sich zu unserer Freude eine Krabbenfresserrobbe aufhielt – eine Abwechslung auf unserem kargen Speisezettel. Sie wurde blitzschnell getötet und zerlegt. Während wir die Boote samt Ladung sicherten und die Zelte aufschlugen, bereitete Green mit Hows Hilfe die besten Stücke des Tieres zu. Den Ofen, den er benutzte, nannten wir stolz »Kombüse«. Hurley hatte ihn aus einem Ascheneimer der *Endurance* hergestellt. Eine Blechtasse, gefüllt mit Methylalkohol, war auf dem Boden des Eimers befestigt. Die Hitze des brennenden Alkohols entzündete zerschnittenen Blubber in einer darüber angebrachten kleinen Pfanne. Diese Flammen setzten wiederum große Tranklumpen in

Brand, die sich in einer nochmals darüber aufliegenden Pfanne befanden. Über dieser jetzt starken Hitze garte das Essen in einem großen Topf, der auf zwei Eisenstangen ruhte. Aus Milchpulver und Wasser wurde in einem großen Aluminiumtopf Milch gekocht. Drei Eisenstützen hoben die »Kombüse« hoch aus dem Schnee heraus, und ein seitlich befestigter Schornstein leitete den Qualm und den öligen Ruß von unserem wertvollen Essen fort.

Green, unser ständig rußverschmierter Koch, war ein Genie. Es erschien uns wie ein Wunder, wenn er innerhalb einer halben Stunde als vorzügliche, warme Mahlzeit Hoosh, einen breiigen Eintopf aus Robbenfleisch und Tran, Tee oder heißer Milch zubereitete. Sein einziger Schutz vor Wind und Schnee war ein Stück Segeltuch, das zwischen vier aufrecht in den Schnee gesteckten Rudern aufgespannt wurde. Ölige, schwarze Qualmwolken quollen aus dem Schornstein des Blubber-Ofens in diesen Raum hinein. Kein Wunder, daß das Gesicht des Kochs immer schwarz war, aber sein fröhliches Grinsen verließ ihn nie.

Unsere Seeleute hatten seine Qualitäten längst erkannt, und so machten sie keinen Gebrauch von ihrem althergebrachten Recht, den Koch zu beschimpfen. Sie hätten es ohnehin nicht gewagt, denn Green stand unter dem persönlichen Schutz von Sir Ernest. Und der hätte niemals einen unfähigen Mann beschützt. Denn er legte gerade auf die Lebensmittel und deren Zubereitung immer besonders großen Wert, damit seine Männer die bestmögliche Nahrung erhielten. Es war dieser ständigen Fürsorge zu verdanken, daß keiner der Männer, die unter ihm dienten, jemals an Skorbut litt.

Green wurde »Klößchen« gerufen. Diesen seltsamen Namen hatten die Seeleute ihm wegen seiner hohen, piepsigen Stimme gegeben. Greenstreet, der Erste Offizier der *Endurance*, fragte mich einmal in absichtlich hörbarem

Flüsterton: »Glaubst du, ihm fehlt etwas?« Die Frage an sich war schon eine Verleumdung.

»20 Uhr. Es werden Wachen aufgestellt.«

Kurze Zeit später befanden sich alle in ihren Schlafsäcken, außer den beiden Wachposten. Unsere Eisscholle schaukelte auf der Dünung und wiegte uns sanft in den Schlaf. Dabei drehte sie sich langsam um sich selbst, bis ihre Spitze in die Strömung ragte, von wo die Brandung anrollte. Die Wachposten, die die Vorzüge von Robbenhirn und Robbenleber diskutierten, hatten nichts davon bemerkt. Um 23 Uhr gab es unter der Eisscholle eine größere Wellenbewegung, die Scholle wurde angehoben, und sie zerbrach genau unter einem Zelt der Mannschaft. Wir hörten einen Schrei, stürzten aus unseren Zelten und sahen gerade noch, wie das Zelt in der Mitte durchriß und eine Hälfte sich auf unserer Seite, die andere sich jenseits des Risses auf der anderen Scholle befand.

Trotz der Dunkelheit spürte Shackleton instinktiv, wo er suchen mußte. Er fand Holness, der in seinem Schlafsack hilflos im Meer trieb – geradeso wie ein ausgewachsener Moses. Sir Ernest lehnte sich über die Eisspalte, griff nach dem Schlafsack und zog ihn samt Inhalt mit einem kräftigen Ruck auf das Eis. In der nächsten Sekunde krachten die beiden Teile der Scholle mit einer Wucht von tausend Tonnen gegeneinander.

Der Seemann hatte Glück, daß Sir Ernest stark genug war, das Gewicht eines Mannes und eines halb mit Wasser gefüllten Schlafsacks auf die Scholle zu ziehen. Es muß ein Schock sein, geweckt zu werden, weil man naß bis zur Hüfte im Meer treibt. Der Gerettete erholte sich jedoch überraschend schnell von seinem Schreck. Während das Lager nach dem Alarm langsam wieder zur Ruhe kam, fand McIlroy Holness, wie er in seinem Schlafsack wühlte und murmelte: »Hab' meine verdammte Tabaksdose verloren.« Micky sagte darauf: »Du solltest dem Boß lieber dafür danken, daß er dir das Leben gerettet hat!« – »Jaja«, erwiderte der enttäuschte Seemann, »aber das bringt mir meinen Tabak auch nicht zurück.« So wichtig waren unseren Männern inzwischen die rasch schwindenden Vorräte geworden!

Die Dünung ließ die beiden Hälften der Scholle erneut auseinanderdriften. Uns wurde plötzlich klar, daß Sir Ernest, seine Zeltgenossen und die *Caird* sich auf der anderen Seite befanden. Eilig brachten wir das Boot sowie Zelt und Männer über den Spalt hinweg in Sicherheit. Nur Sir Ernest, der als letzter hinüberwollte, konnte sich nicht mehr am Boot festhalten und blieb zurück. Auf Wilds Befehl hin hievten wir die *Wills* ins Meer und beförderten unseren verlorengegangenen Boß erleichtert zurück zu seinen Leuten. Die Rettungsaktion wurde nicht zuletzt dadurch beschleunigt, daß wir unmittelbar neben uns einen Schwertwal blasen hörten.

»Kein Schlaf mehr. Überall um uns herum blasen jetzt die Killerwale. Wir halten uns warm, indem wir mit den Füßen stampfen und uns um den lodernden Blubber-Ofen drängen. Alle zwei Stunden kochen und essen wir Robbenfleisch.«

Damit keine Langeweile aufkam, erklärte Micky uns die Zubereitung von elf verschiedenen Cocktails, die alle skandalöse Namen hatten. Er sang und erzählte Geschichten, die so »heiß« waren, daß sie die Kälte vertrieben. Zur Krönung erzählte Bob Clarke einen Witz – ich glaube, es ging darum, daß die Killerwale uns von der Scholle blasen würden. Wir amüsierten uns bis zur Morgendämmerung so gut, daß wir trotz einer Temperatur weit unter dem Gefrierpunkt fast das Gefühl hatten, ein Picknick zu veranstalten.

»Heute sahen wir fünf Kaptauben, die vom offenen Meer herkamen, drei Eissturmvögel, zehn Adéliepinguine, sechzehn Antarktissturmvögel, Hunderte von Schneesturmvögeln, viele Wale und Krabbenfresserrobben.«

Trotz all unserer Probleme und trotz des Schlafmangels war die ganze Mannschaft guter Stimmung, denn endlich konnten wir wieder aktiv werden. Als wir hilflos im Packeis trieben, waren wir zum Warten verurteilt. Es gab keine Möglichkeit zu entkommen. Nun drohten zwar neue Gefahren und Mühen, aber wir konnten wenigstens etwas tun und selbst um unser Leben kämpfen. Wir waren voller Hoffnung und Optimismus, so wie Shackleton es sich immer gewünscht hatte.

»Montag, der 10. April. Starker Ostwind. Himmel bewölkt, dunstig, mit gelegentlichem Schneegestöber. 5.30 Uhr. Es gibt Hoosh – sehr willkommen nach unserer durchwachten Nacht auf der Eisscholle.«

Das Packeis um unsere Scholle herum war wieder dichter geworden, aber um 8.10 Uhr konnten wir die Boote zu Wasser lassen und beladen. Zunächst kamen wir nur durch Rudern vorwärts. Später, als das Eis sich nach und nach öffnete, setzten wir Segel.

»11 Uhr. Sechs Meilen offenes Wasser. Während wir segeln, spritzt Gischt über die Boote und gefriert auf den Männern und den Vorräten.«

Nachdem wir das nördliche Ende des Packeises umrundet hatten, stellten wir fest, daß die offene See für unsere voll beladenen Boote zu unruhig war. Neben dem Gewicht von 28 Männern hatten wir insgesamt drei Zelte, Ersatzkleidung, unsere Schlafsäcke, Primuslampen und Paraffin, Riemen, Masten, Segel und Vorräte für drei Wochen an Bord.

Sir Ernest beriet sich zunächst mit Wild und mir und entschied dann, ein Drittel unserer Lebensmittel zurückzulassen. Wir behielten Vorräte für zwei Wochen. Darüber hinaus würden wir uns darauf verlassen müssen, genug Robben und Pinguine als Nahrungsquelle fangen zu können.

»Um 15.30 Uhr kehrten wir in den Schutz des Packeises

zurück, entluden die Boote und zogen sie auf einen Eisberg. Dort deponierten wir die Lebensmittel, die wir nicht mitnehmen konnten. Während die Zelte aufgeschlagen und die Boote gesichert wurden, machte sich Green über die zurückgelassenen Vorräte her. In Null Komma nichts bereitete er die beste und üppigste Mahlzeit zu, die wir in den vergangenen fünf Monaten gegessen hatten.«

»Nach meiner Berechnung haben wir heute zehn Meilen in nordwestlicher Richtung zurückgelegt. Es ist zu hoffen, daß der starke Ostwind, der den ganzen Tag über geweht hat, eine günstige Strömung verursacht.«

Zum Ausgleich für den verlorenen Schlaf der vergangenen Nacht legten wir uns um 20 Uhr zur Ruhe. Die Wachposten wechselten jede Stunde.

Der Eisberg, auf dem wir lagerten, war fast 30 Meter lang, und der höchste Punkt ragte immerhin gut sechs Meter aus dem Wasser. Wir schliefen zwölf Stunden lang wunderbar und bemerkten nicht, daß während dieser Nacht die Brandung aus nordwestlicher Richtung beträchtlich an Stärke zugenommen hatte. Mit den Wogen brachen die umliegenden Schollen gegen unsere »Heimstatt« und unterhöhlten sie derart, daß unablässig große Stücke herausbrachen.

»Dienstag, der 11. April. Als wir aufwachten, stellten wir fest, daß unser Eisberg schon fast um die Hälfte geschrumpft war. Starke nordöstliche Brise, bewölkt und diesig. Kalt, minus 20 Grad.«

Der Wellengang nahm zu, und das Packeis hatte sich um uns herum geschlossen. Es war einer der überwältigendsten und schönsten Anblicke, die ich jemals gesehen habe. Große wogende Gebirge aus zusammengeschobenen Eisschollen trieben in Wellen von einer halben Meile Länge an uns vorüber. Die wenigen schwarzen aufgebrochenen Linien, die sich auf dem Weiß des Packeises scharf abzeichneten, waren die einzigen Hinweise auf das darunterliegende Meer. Trotzdem mochten wir diesen Anblick nicht, denn es waren ja genau diese Eisschollen, die nun mit vermehrter Kraft auf unseren Eisberg prallten. Unser »Wohnsitz« wurde unangenehm rasch abgetragen. In wenigen Stunden würde der Boden unter unseren Füßen zerstört sein. Wir würden mitsamt unseren Booten in die brodelnde Masse wogender Schollen geworfen werden. Wir hätten jede Hoffnung begraben können.

Es waren Stunden voller Sorge. Shackleton, Wild und ich kletterten so häufig auf den höchsten Punkt des Eisbergs, um im Norden nach offenem Wasser Ausschau zu halten, daß immer irgendeiner von uns dort oben war. Bis zum Mittag hatten wir den Weg zum Gipfel so ausgetreten, als sei eine ganze Armee dort entlangmarschiert.

Die unterspülten Ränder des Eisbergs brachen so schnell weg, daß wir zweimal die Boote zurück in Sicherheit ziehen mußten.

Es kam uns wie eine Ewigkeit vor, bis wir endlich freies Wasser entdeckten – eine schwarze Linie, die langsam näher rückte. Nun hieß es, die rettende offene See zu erreichen, bevor unser Eisberg endgültig auseinanderbrach. Es war ein Wettlauf um Leben und Tod.

Zu unserem Glück lag der Eisberg etwa 25 Meter tief im Meer, tief genug, um von einer Strömung ergriffen zu werden, die uns auf das dunkle Band zutrieb – das heißersehnte Meer.

Es war inzwischen zwei Stunden nach Mittag. Gerade noch rechtzeitig erreichten wir einen schmalen Streifen offenen Wassers. Als das Packeis uns freigab, begann der Eisberg zu schlingern und tauchte mit einer Seite fast ins Wasser. Eilig ließen wir die Boote die zwei Meter hohe Klippe hinunter ins Wasser gleiten.

Die *James Caird* blieb an einem Vorsprung im Eis hängen, aber ihre Crew manövrierte sie geschickt heraus und verhinderte so, daß sie kenterte. Wir warfen die Vorräte einfach in die Boote, ohne sie ordentlich zu verstauen, sprangen hinterher und schoben und stießen die Boote frei, bis sie in Sicherheit waren. Wir waren gerade noch einmal davongekommen. Im Zickzackkurs segelten wir zwischen losem Packeis zwei Meilen nach Westen aufs offene Meer. Dann geriet die *Stancomb Wills* in Schwierigkeiten und fiel zurück. Der Wind blies in halber Sturmstärke aus Nordost, und es sah so aus, als würde sie wieder zurück ins Packeis gedrückt.

Weil mein Boot das schnellste war, schickte Shackleton mich zurück, um die *Wills* freizuschleppen. Die Sonne ging schon unter, als wir Shackleton wieder einholten.

Wir segelten weiter nach Westen, bis wir eine Eisscholle sichteten, die groß genug schien, uns etwas Schutz für die Nacht zu bieten. In der Dämmerung legten wir an der Leeseite an.

Während wir uns um die Boote kümmerten und unsere kalten Rationen verzehrten, brachten Green und How die »Kombüse« an Land und kochten Milch. Während der Vorbereitungen blökten einige unserer Männer, die ihre gute Laune niemals zu verlieren schienen, wie ungeduldige Kälber, um Green zu amüsieren, bis wir alle einen Becher mit wunderbar heißer Milch erhielten. Dann wurde die »Kombüse« wieder im Boot verstaut.

Plötzlich wirbelten wieder neue Eismassen um die Scholle herum und drohten die Boote leckzuschlagen. Schnell legten wir ab. Die ganze Nacht lang trieben wir von einer Eisscholle zur nächsten, konnten jedoch nirgendwo Schutz finden.

»Eine kalte, nasse, fürchterliche Nacht – alle durchweicht und zitternd –, zunächst Regen und dann Schneeschauer. Nur Ölzeug für eine Person in der *Docker*. Kein Schlaf. Nach Mitternacht fiel die Temperatur auf minus 25 Grad, und wir konnten gar nicht genug rudern, um uns warm zu halten. Damit wir endlich vorwärts kämen, wollte ich die ganze Nacht über langsam nach Westen rudern, aber Sir Ernest war damit nicht einverstanden. Er fürchtete, daß im Dunkeln die Boote von Eisschollen gerammt werden könnten und es darüber hinaus schwierig sei, sie zusammenzuhalten. Bei Tagesanbruch setzten wir Segel und segelten auf Steuerbordbug Richtung West-Südwest. In diesen 24 Stunden die unterschiedlichsten Sturmvögel, wie Eissturmvögel, Schneesturmvögel, Silbersturmvögel, Riesensturmvögel (fast so groß wie Albatrosse) oder Antarktissturmvögel. Hunderte Krabbenfresser überall auf dem Packeis und viele Wale.«

»12. April. 62° 15' S, 53° 07' W. Starker Nordwestwind. Bewölkt und dunstig mit Eisregenschauern. Während der vergangenen drei Tage schwankte die Temperatur stark – meist war sie sehr niedrig. Leider haben wir auf der *Docker* kein Thermometer, um sie zu messen.«

Als die Anzahl kleinerer Erfrierungen zunahm, riefen wir zu Hussey in der *Caird* hinüber: »Meteorologe, wie siehts mit der Temperatur aus?« Unser jugendlicher Komiker verpackte seine Auskünfte jedesmal in lustige Schimpfreden. Wenn die genannte Temperatur noch halbwegs erträglich war, wurde dies höflich aufgenommen, war sie jedoch unter Null, dann erhielt er eine passende Antwort. Unsere vergnügte Stimmung war dahin, als der Nordwestwind die Temperatur wieder nahe an den Gefrierpunkt brachte. Der Schnee verwandelte sich dadurch in eiskalten Regen, der uns zu nassen, kalten Jammergestalten machte und schließlich auf den Vorräten und den Männern gefror. Glücklicherweise waren wir durch die vorangegangenen Erfahrungen inzwischen so abgehärtet, daß wir auch damit zurechtkamen.

Nach dem Frühstück, sobald der Horizont sich aufklarte, ermittelte ich den Längengrad mit Hilfe des Sextanten, und mittags maß ich dann den Breitengrad. Nachdem unsere augenblickliche Position berechnet war, gab es eine fürchterliche Enttäuschung. Vorher noch hatte ich vor Shackleton die Meinung vertreten, wir seien Elephant Island um 30 Meilen näher gekommen. Die Messung aber hatte ergeben, daß wir uns statt dessen 30 Meilen weiter entfernt hatten, also 19 Meilen nach Süden gesegelt waren. Shackleton steuerte die *James Caird* in unsere Nähe und rief herüber: »Wieviel haben wir geschafft, Skipper?« – »30 Meilen zurück«, antwortete ich kleinlaut. Diese Nachricht war so schlimm, daß er den Männern die Wahrheit verschwieg. Er teilte ihnen lediglich mit, daß wir nicht so weit gekommen wären, wie wir erwartet hatten. Mir aber warf er noch den ein oder anderen finsteren Blick zu.

Das Verhalten der Männer im Hinblick auf unser Vorwärtskommen war zum Teil recht kindisch. Im nachhinein betrachtet, hatte es jedoch auch eine komische Seite. Befanden wir uns auf dem Packeis, das sich jeglicher menschlichen Kontrolle entzog, gaben sie vor, *mich* für die Abdrift verantwortlich zu machen. Jeden Abend, wenn ich gerade errechnet hatte, wohin das Eis mit unserem Camp getrieben war, wurde ich gefragt: »Was haben wir heute geschafft?« Wenn ich dann antwortete: »Vier Meilen nach Norden«, hieß es »Gut gemacht, Skipper! Hier, eine Zigarette für dich.« Waren es gar 14 Meilen Richtung Norden, dann wurde ich zum Helden des Tages. Mir wurden Zigaretten, Kautabak und Schokolade angeboten. Trieben wir jedoch nach Süden ab, bedachte man mich mit bitterbösen Blicken und mied mich wie die Pest. Mir ging es wie dem Ancient Mariner von Coleridge: kein Kreuz – doch der Albatros ward mir um den Hals gehängt. Abgesehen von Shackleton gab es nur wenige, die dann noch zu mir standen.

Unser letzter Rückschlag traf uns zu einem Zeitpunkt, wo es besonders wichtig war, schnell an Land zu kommen. Eine starke Gegendrift strömte aus der Bransfield Strait, die 90 Meilen westlich von uns lag.

Wie wir am Wellengang ablesen konnten, war diese Strömung durch einen starken Sturm bei Kap Hoorn noch beschleunigt worden. Anstatt vorwärts zu kommen, waren wir wieder nach Süden ins Packeis getrieben.

Obwohl normalerweise der Leiter einer Expedition die volle Verantwortung trägt, spürte auch ich in den folgenden Tagen ihre Last. Sollten meine Messungen, die unter sehr schwierigen Bedingungen vorgenommen wurden, fehlerhaft sein, dann würden 28 Männer hinaus in den Tod segeln. Glücklicherweise erwiesen sie sich als korrekt. 50 Stunden später sahen wir Land.

Kurz nach Mittag gelangten wir plötzlich aus dem dichteren Packeis hinaus aufs offene Meer, auf dem Eisberge und -schollen herumtrieben. Wir gerieten in eine günstige Strömung und beglückwünschten uns zu der verlockenden Aussicht, daß uns nun eine schnelle Überfahrt gelingen würde: entweder nach Elephant Island oder nach Grahamland, der nördlichen Spitze des antarktischen Kontinents.

Wir segelten an einem seltsamen Eisberg vorüber, geformt wie ein prähistorisches Monster mit dem Gesicht eines Schweinchens. Dieser schaukelte langsam in der Dünung. Durch die Schaukelbewegung wurde das groteske Gesicht immer wieder langsam ins Wasser getaucht. Jedesmal wenn es nach einer langen Pause gemächlich wieder auftauchte, lief das Wasser wie Tränen an ihm herab. Uns erschien es beinahe so, als weine es aus Wut darüber, daß wir aus dem Packeis entkommen waren.

»Abends sahen wir im Nordwesten eine große Ansammlung von Kumuluswolken als Nachwirkung des letzten Sturms. Solche großen Haufenwolken sind über dem Packeis selten oder nie zu sehen.«

Diese Wolkenfelder brachen nun auf. Nach Südwesten hin schien das Meer offen zu sein, und das dichte Packeis lag endlich im Osten hinter uns.

Die nun folgenden Ereignisse bis zur Abfahrt der *James Caird* von Elephant Island habe ich erst neun Monate später aus der Erinnerung aufgezeichnet. Während unserer Bootsfahrt zur Insel war ich viel zu beschäftigt, um zusätzlich zum Steuern, zum Navigieren mit erfrorenen Fingern und anderen Arbeiten mein Logbuch weiterzuführen.

Wie gesagt, war das Meer im Südwesten frei. Der auffrischende Wind kam jetzt von Nordwesten, wehte also von Elephant Island her. Nach einer kurzen Besprechung mit Wild und mir beschloß Sir Ernest, daß es unter diesen Umständen das beste sei, Kurs auf die Hope Bay im Norden von Grahamland zu nehmen.

Bis zur Dämmerung segelten wir Richtung West-Südwest, bis wir auf Ströme von Eisschollen trafen, die wir kaum unbeschadet passieren könnten. Um zu vermeiden, daß wir im Dunkeln in diesen Eisgürteln eingeschlossen würden, machten wir an der größten Scholle fest, die wir finden konnten. Unglücklicherweise war sie nicht groß genug, um ein sicheres Lager darauf einzurichten. Sie konnte uns auch nicht vor dem aufkommenden Sturm schützen.

Das Meer war zu unruhig, als daß der Koch wenigstens die »Kombüse« hätte an Land bringen können, daher kochten wir in jedem Boot unsere Milch über einem Primuskocher.

Wir nahmen unsere Mahlzeiten und unsere Milch immer sehr viel heißer zu uns, als normale Menschen es ertragen könnten. Auf diese Weise gaben wir unseren unterkühlten Körpern genug Wärme, um uns trotz der Kälte und der Müdigkeit am Leben zu halten.

Die Fangleinen der *Caird* und der *Docker* wurden an der Scholle festgemacht, und die *Wills* war zwischen uns vertäut. Während des Abendessens lagen die drei Boote so Seite an Seite. Später jedoch ließen die Wellen sie so heftig aneinanderschlagen, daß wir sie in einer losen Reihe hintereinander anbinden mußten.

Während noch die letzten Reste unseres Abendessens mit der gewohnten Gier verschlungen wurden, drehte der Wind plötzlich wieder nach Südost. Diesmal trieben die Boote längsseits gegen die gezackten Ränder der Eisscholle. Damit sie nicht daran leckschlugen, durchtrennten wir schnell die Fangleine der *Docker* und legten ab. Leider verloren wir dadurch viel wertvolles Seil.

Wir irrten die ganze Nacht im offenen Meer herum. Die *James Caird* und die *Stancomb Wills* waren immer noch hinter uns befestigt. Daher mußten wir die meiste Zeit allein vorwärts rudern und die beiden Boote ziehen, damit sie nicht auf uns auffuhren. Dennoch hatten wir das bessere Los gezogen – die Anstrengung verhinderte, daß wir froren, und hielt uns gleichzeitig wach. Ich rudere ohnehin sehr gerne und genoß daher meine Schichten an den Riemen. Aber auch diejenigen, die diese Anstrengung normalerweise nicht schätzten, wollten nun lieber rudern, als bewegungslos dazusitzen und zu bibbern.

Die Temperatur fiel plötzlich auf minus 36 Grad ab. Es war so kalt, daß unsere Burberry-Overalls knisterten und während des Ruderns Eis und Rauhreif von uns abfielen. Als der Mond zwischen den Wolken durchbrach, sahen wir, daß unsere Bärte weiß von Reif und die Schnurrbärte eisverkrustet waren. Der Atem der Männer bildete Dampfwolken, die sich weiß von ihren verschmutzten Gesichtern abhoben.

Von Südosten wehten Schneeschauer heran, und trotz Wind und Wellengang begann das Meer zu gefrieren. Es bildeten sich Felder aus Eisschlamm, in die wir die Boote hineinruderten, weil die See dort ruhiger war. Der auffrischende Wind, der uns beinahe unser Abendessen verdorben hatte, entschädigte uns nun dadurch, daß er durch seine günstige Richtung eine Überfahrt nach Elephant Island möglich machte.

Bislang war dieser Rettungsversuch mit den Booten ein

Fehlschlag gewesen. Wir waren gerudert. Wir waren gesegelt. Wir hatten abwechselnd das kleinste Boot geschleppt. Packeis, Gegenwind, Strömungen und schwerer Seegang behinderten uns. Wir hatten uns auf Eisschollen geschleppt und mußten sie wieder verlassen. Nun, nach drei Tagen größter Strapazen, ohne Schlaf, ständig dem rauhen Klima ausgesetzt, waren wir 40 Meilen weiter von Elephant Island entfernt als zuvor.

Trotz alledem verhielten sich die Männer großartig. Dabei war Shackleton uns allen Vorbild. Mut und Humor kamen immer dann zum Tragen, wenn sie am dringendsten gebraucht wurden. Seit wir die Zivilisation verlassen hatten, waren die Bedingungen zunehmend schlechter geworden. Das hatte die Männer immer widerstandsfähiger gemacht und sie für diese Tortur hinreichend abgehärtet.

Shackleton und einige von uns waren auf vollgetakelten Schiffen ausgebildet worden. Diese Mannschaft, die ihre Fahrt in der Kälte von South Georgia begonnen hatte, manövrierte zunächst die *Endurance* durch 3000 Meilen Packeis – ein hartes, aber schönes Leben unter freiem Himmel. Dann folgten 1000 Meilen im Treibeis auf dem eingeschlossenen Schiff, bei Temperaturen von bis zu minus 40 Grad, aber mit all der Bequemlichkeit, die die *Endurance* zu bieten hatte. Nach deren Verlust dann 600 Meilen Drift, während wir auf einer Eisscholle kampierten, in Zelten, die durch die ständigen Stürme beschädigt waren. Nachts lagen wir auf dem Schnee, der durch unsere Körperwärme taute und in unsere Schlafsäcke floß, bis wir in Pfützen eiskalten Wassers lagen. Nun, da die Bedingungen noch schlimmer waren, klagten die Männer nicht mehr. Sie waren doch echte britische Seeleute und sagten: »Beißt die Zähne zusammen! Knurrt ruhig, aber arbeitet!«

Bei Tagesanbruch des 13. blies der Wind bei klarem Himmel kräftig aus Südosten. Dicke Haufenwolken, typisch für das offene Meer, jagten über den blauen Himmel.

Die Augen der Männer waren von Schlafmangel und Erschöpfung rot gerändert. Shackleton rief mich heran, und ich brachte die *Dudley Docker* längsseits zu seiner *Caird*. Nach einer kurzen Besprechung beschlossen wir, den günstigen Wind zu nutzen und wieder Kurs auf Elephant Island zu nehmen. Die Lebensmittelvorräte wurden auf die Boote verteilt, so daß für alle etwas zu essen da wäre, falls wir getrennt würden.

Wir setzten Segel und steuerten in Richtung Nordwesten. Als die Boote in der frischen Brise endlich Fahrt aufnahmen, hob sich unsere Stimmung, und wir vergaßen all unsere Enttäuschungen. Wir fuhren geradewegs auf Land zu – auf festes Land! Wie schön es sein würde, wieder Boden unter den Füßen zu spüren, der nicht schwankte, nachdem wir 16 Monate im verfluchten, wogenden und rastlosen Eis verbracht hatten. Wir verspürten ein Hochgefühl, das alle Segler haben, wenn sie gute Fahrt machen. Auch *wir* segelten endlich – allerdings auf eine mehr als gefährliche Art und Weise, denn wir mußten während der Fahrt das Eis abschlagen und abkratzen, das sich während der Nacht am Bug und Heck unserer drei Schiffe gebildet hatte.

Da wir beim Segeln nicht kochen konnten, gab Shackleton die Erlaubnis, daß jeder so viele kalte Rationen, Kekse, Nüsse und westindischen Zucker essen könne, wie er wolle. Er konnte dies ohne Bedenken gestatten, da er aus Erfahrung wußte, daß die schmale Kost unsere Mägen verkleinert hatte. Wir wären gar nicht in der Lage gewesen, zuviel auf einmal zu essen.

Es war bereits mehr als 16 Monate her, daß die Mannschaft starken Wellengang erlebt hatte. Jetzt wieder auf offener See zu segeln ließ einige der Männer zwei Tage lang ein wenig bläßlich aussehen. Vier von uns waren jedoch ernsthaft seekrank und konnten nichts essen. Ich bedauerte sie aufrichtig. Es war doch auch so schon schlimm genug, daß die halb erfrorenen Männer sich in den voll beladenen Booten zusammenkauern mußten, während die Wellen über ihnen zusammenschlugen. Dennoch amüsierten wir uns auf Kosten eines Mannes, der für gewöhnlich sein Essen aufsparte, um es dann später vor den anderen, weniger Sparsamen, genüßlich zu verzehren. Selbstverständlich brachte dies die meisten der hungrigen Zuschauer jedesmal in Rage. Nun aber litt genau dieser Mann unter Seekrankheit und mußte hilflos zusehen, während wir wie hungrige Seewölfe unsere Rationen verschlangen. Wie man sich denken kann, hielt sich unser Mitgefühl in Grenzen!

Wir kamen mit gutem Tempo voran, bis wir wieder in loses Packeis gerieten. Abwechselnd lehnten wir uns über den Bug und stießen die vielen kleinen Eisblöcke aus dem Weg – mit unterschiedlichem Erfolg. Viele dieser Eisstükke waren zu schwer, um sie rechtzeitig aus dem Weg zu schaffen. Die *Caird* kollidierte mit einem Block, der oberhalb der Wasserlinie ein Leck schlug. Bald darauf sahen wir, wie ein Stück Robbenfell von innen in das Loch gestopft wurde, um das Wasser herauszuhalten. Nach diesem Unfall refften wir erst einmal die Segel, um weitere Schäden an den Booten zu verhindern.

Mittags kamen wir erneut in relativ freies Wasser. Dieses Mal führte Shackleton in der *Caird* unsere Boote an. Gelegentlich schickte er mich voraus, um Ausschau zu halten, grundsätzlich aber lautete sein Befehl, uns nicht weiter als dreißig Meter voneinander zu entfernen.

Unsere Segel hoben sich dunkel von den Flächen weißen Packeises ab. Man hätte uns für eine Wikingerflotte auf Entdeckungs- oder Eroberungsfahrt halten können. Als wir weitersegelten, gerieten wir in große Areale gefrierender See mit Pfannkucheneis, durch die wir die Boote mit deutlich reduzierter Geschwindigkeit hindurchzwängen mußten.

Auf dem Eismatsch und den »Pfannkuchen« lagen Abertausende toter Fische, einige mehr als 20 Zentimeter lang. Sie waren durch das plötzliche Gefrieren der See gefangen worden und erfroren. Wie Silberstücke glitzerten sie in der Sonne. Sturmvögel und Kaptauben freuten sich über das seltene Festmahl. Wie die Vögel hätten auch wir gern eine reiche Mahlzeit von Fischen genossen, aber wir wagten es nicht, Zeit damit zu vergeuden, sie einzusammeln.

Nachmittags stieg die Temperatur ein wenig, das Eis taute, und das Wasser war wieder offener, wir kamen gut voran. Erst als der Wind auffrischte und die See unruhiger wurde, mußten wir die Segel erneut reffen, da die Boote viel Wasser aufnahmen und sich nur schwer manövrieren ließen. Ich vermutete aber, daß der Wind nach Sonnenuntergang nachlassen würde, und riet Shackleton weiterzusegeln, doch er hielt es für sicherer, beizudrehen und die Nacht über vor Anker zu gehen. Wir taten dies mit Hilfe dreier zusammengebundener Riemen, die wir an der übriggebliebenen Fangleine der *Docker* als Treibanker befestigten. Die anderen Boote wurden hinter uns vertäut.

Wir hatten uns so schnell vom Packeis entfernt, daß wir keine Zeit gehabt hatten, Eisvorräte für unseren Trinkwasserbedarf aufzunehmen. Alle litten inzwischen stark unter Durst. Wir in der *Docker* waren jedoch so klug gewesen, uns vier wertvolle Eisblöcke zu sichern, die wir nun möglichst gerecht unter den Bootsbesatzungen aufteilten. Mit Hilfe einer sehr strengen Rationierung reichte das Eis zumindest die Nacht über. Es mag seltsam anmuten, daß Menschen in dieser Kälte, oft durchnäßt von hereinbrechenden Wogen, stärker unter Durst als unter Hunger gelitten haben sollen, aber so war es.

Die ganze Nacht über kümmerte sich Shackleton um das Wohlergehen der Männer. Er war zwar immer sehr fürsorglich gewesen, aber jetzt, angesichts der nicht enden wollenden Not, war er offenbar ernsthaft besorgt. Von Zeit zu Zeit rief er zu uns und zur *Wills* herüber, um zu erfahren, wie es uns ging. Die Antworten waren immer fröhlich, und Marston sorgte einmal für Gelächter, als er rief: »Alles in Ordnung, aber ich hätte gerne ein Paar trokkene Handschuhe.« Natürlich gab es auf den Booten nichts Trockenes mehr, abgesehen von unseren ausgedörrten Kehlen. Und so antwortete Shackleton: »Ich habe ein Paar bei mir zu Hause liegengelassen. Sie können sie haben, wenn Sie zufällig dort vorbeikommen. Dann können Sie auch gleich Bescheid geben, daß ich bald komme.« Der Humor mag ein wenig derb gewesen sein, aber wir waren dankbar für jeden Anlaß zu lachen.

Die Wellen, die über unsere Boote hereinbrachen, gefroren an Bug und Heck zu dicken Eisschichten. Demnach war die Temperatur wieder unter Null gefallen. Leider konnten wir es uns nicht erlauben, wertvolle Streichhölzer zu verschwenden, um auf das Thermometer zu schauen. In dieser Nacht hat niemand von uns richtig geschlafen. Einige dösten vor sich hin, während sie sich eng umschlungen gegenseitig Wärme gaben.

Nach Einbruch der Dunkelheit ließ der Wind tatsächlich nach, wie ich vorausgesagt hatte. Das soll nicht heißen, daß Shackletons Entscheidung falsch gewesen wäre. Aber ich war doch aus zwei Gründen beunruhigt: Einerseits konnte auf offener See ein Sturm aufkommen, andererseits machte ich mir Sorgen um die Männer. Einige waren durch die extreme Kälte, die Erschöpfung und den Schlafmangel der letzten drei Tage und Nächte schwer gezeichnet. Und ich ahnte, daß uns noch mehr bevorstand. In der folgenden Nacht sollten wir durch die Verzögerung in einen Sturm geraten, der so heftig wütete, daß man von Glück reden kann, daß keines der Boote gekentert ist.

Bei Tagesanbruch des 14. hatten wir klares Wetter, und

es wehte eine sanfte Brise aus Südwest. Ein großartiger und unglaublich schöner Sonnenaufgang hob zwar unsere Stimmung, gab uns jedoch keine neue Hoffnung. Denn eine solche Morgenröte ging meist einem Sturm voran.

Es war unmöglich, in den beiden offenen Booten zu schlafen. Wir in der *Docker* legten unser fadenscheiniges Zelt über die eisbedeckten Vorratskisten. Wir zogen die Zeltbahnen über uns und kauerten uns darunter, als zitternder Menschenhaufen eng beieinander sitzend. Wir waren wie die Affen, die sich während einer kalten Nacht im Wald zu einem Knäuel zusammenrollen, um sich gegenseitig Wärme zu geben. Wenn einer dabei ausgeschlossen wird und sich hineindrängen möchte, dann entsteht ein wilder Streit. Genau so war es bei uns. Wenn ein zitternder Unglücklicher, der außen lag, versuchte, sich nach innen zu drängen, dann reagierten die im Schlaf gestörten Männer darauf sofort mit einem furchterregenden Schwall von Flüchen und Racheschwüren.

Greenstreet und ich konnten dies nur bis kurz nach Mitternacht ertragen. Dann krochen wir heraus, schwangen unsere Arme, stampften mit den Füßen auf, boxten uns gegenseitig und trösteten uns von Zeit zu Zeit mit Rauchen. Wir verbrauchten dafür vier wertvolle Streichhölzer.

Bei Tagesanbruch standen wir da und betrachteten einige Minuten lang den wogenden Haufen leidender Männer, der sich unter dem Zelt abzeichnete. Er schüttelte, hob und senkte sich. Er zitterte und zappelte. Und immer wieder, nach neuen Zuckungen, gab er schreckliche Flüche von sich, die die frische Morgenluft verpesteten. Plötzlich konnten wir uns nicht länger beherrschen. Wir brachen in ein solches Gelächter aus, daß wir nicht nur unsere eigene Crew weckten, sondern auch die der anderen Boote. Wahrscheinlich waren wir ein wenig überspannt, aber auch jetzt noch, Jahre später, muß ich lachen, wenn ich mir diese Szene vergegenwärtige.

Während es heller wurde, befreiten wir die Boote von den schweren Eisschichten, die sie nach unten drückten. Bevor wir das Ruder klarmachen konnten, mußten wir das gesamte Eis vom Heck schlagen und abkratzen. Erst dann konnten wir die Ösen freilegen, in die die Ruderhaken eingesetzt werden sollten.

Anschließend gingen wir längsseits neben die *Caird* und befestigten ein quadratisches Stück Robbenfell über dem Leck in ihrem Bug. Eine gute provisorische Abdichtung, die bei hohem Seegang das Wasser abhalten würde. Dann mußten wir die Fangleine einholen, um die Riemen zu bergen, die wir als improvisierte Treibanker benutzt hatten. Als wir sie herausfischten, waren sie so stark mit Eis bedeckt, daß jeder Riemen die Dicke eines Oberschenkels hatte. Wir mußten sie freischlagen, bevor wir sie an Bord holen konnten. Schließlich setzten wir Segel und hielten auf Norden zu, und wieder waren alle zufrieden, weil wir so gut vorankamen.

Zum Frühstück gab es kalte Essensrationen. Es waren noch einige Stücke Süßwassereis übrig, die wir langsam lutschten. Als sie aufgebraucht waren, wurden wir so schrecklich durstig, daß wir nicht mehr weiteressen konnten. Wir versuchten, uns zu behelfen, indem wir Stücke rohen, blutigen Robbenfleisches kauten. Dies stillte nicht nur unseren gewaltigen Hunger, sondern auch unseren Durst für eine Weile, kurz darauf jedoch fühlten wir uns ausgetrockneter als zuvor. Wahrscheinlich lag das an den Salzen im Blut der Robbe.

Blackborow in der *Wills* hatte schwere Erfrierungen an den Füßen. Wir konnten nichts dagegen tun, außer daß Dr. McIlroy von Zeit zu Zeit seine Füße massierte. Blackborow war das jüngste Besatzungsmitglied, gerade mal 20 Jahre alt. Das mag der Grund dafür gewesen sein, daß er als einziger dauerhaft unter Erfrierungen litt. Shackleton und die anderen sechs Antarktisveteranen hatten bisher alles gut überstanden, ebenso wie Greenstreet, die beiden Ärzte, Clark, Wordie und ich. Die meisten von uns litten nur unter verfrorenen Fingern. Wir konnten wenig dagegen tun, außer unsere durchnäßten Handschuhe auszuziehen und den betroffenen Finger zu massieren, bis er sich wieder erholte.

Irgendwann später sagte Shackleton zu mir: »Die ganze Zeit über, während ich mich um die Männer und die Boote kümmerte, saß Wild ruhig am Steuer der *Caird*, ohne auch nur einmal mit der Wimper zu zucken. Immer derselbe zuversichtliche, blauäugige, kleine Mann, unbeeindruckt von Kälte oder Erschöpfung. Er erweist sich als Fels in der Brandung, genau so, wie ich ihn schätzengelernt habe.«

Eigentlich hatten wir von diesem großen Veteranen der Antarktis nichts anderes erwartet, aber es war typisch für Shackleton, daß er seinen Freund trotzdem so großzügig lobte.

Als das Tageslicht stärker wurde, sahen wir im Nordosten den hoch aufragenden, schneebedeckten Gipfel von Clarence Island im rosafarbenen Licht des Sonnenaufgangs. Kurze Zeit später zeigten sich kalt und düster auch die Gipfel und Eishöhen von Elephant Island, 35 Meilen entfernt in Richtung Nord-Nordwest. Beide Inseln lagen exakt auf den Positionen, die ich durch meine Peilungen ermittelt hatte. Shackleton, immer spendabel mit Lob, gratulierte mir zu der Genauigkeit meiner Navigation unter diesen schwierigen Bedingungen: zwei Tage hin und her segelnd zwischen Eisschollen, ohne exakte Hilfsmittel zur Überprüfung der Kompaßkurse, und zwei Nächte lang in der Gewalt von Wind und Strömung treibend.

Ich nahm das Lob entgegen, ohne zu erröten; aber um die Wahrheit zu sagen: Es war auch eine gehörige Portion Glück im Spiel, daß wir so schnell Land sichteten. Ich war sehr besorgt gewesen, weil unser Leben davon abhing. Jetzt schwanden meine Sorgen, die Männer vergaßen

Hunger, Durst und Müdigkeit. Alle wurden sichtlich vergnügter, trotz des abschreckenden Anblicks, den unser Ziel uns bot.

Die Wellen hatten sich gelegt, und während von Westen her eine leichte Brise backbords unsere Segel füllte, machten wir gute Fahrt auf unser Gelobtes Land zu. Aber dennoch waren wir nicht schnell genug – die Riemen wurden herausgeholt, und wir ruderten den ganzen Tag über hart, um nach Norden zu gelangen. Die Anstrengung verstärkte unseren Durst, aber sie wärmte uns gleichzeitig auf. Die Wärme unserer Hände ließ die Handschuhe auftauen und nach und nach auch das Eis auf den Rudern. Nun konnten wir die Riemen benutzen, ohne daß sie unserem Griff ständig entglitten. Ich erinnere mich nicht mehr an all die Flüche, mit denen sie zuvor bedacht worden waren, aber es mangelte sicherlich weder an Vielfalt noch an Derbheit. Mittags stieg die Temperatur auf minus 5 Grad. Weil wir uns bei harter Arbeit abwechselten, empfanden wir die Witterung fast als warm.

Ich hatte 80 Stunden lang nicht geschlafen. Dies schien unglaublich für jemanden, dessen Neigung zu gesundem Schlaf und gutem Essen sprichwörtlich war. Wir alle wurden auf mysteriöse Weise allein durch die Notwendigkeit alltäglicher Verrichtungen aufrecht gehalten. Nachmittags hatte ich neun Stunden lang gesteuert und die anderen Boote angeführt, ich konnte mich kaum noch wach halten. Greenstreet – ein fabelhafter Seemann – versuchte mich zu überreden, ihm die Ruderpinne zu überlassen und ein wenig zu schlafen. Doch ich war so besessen von dem Wunsch, auf die Insel zuzusteuern und dabei die schnellstmögliche Geschwindigkeit aufrechtzuerhalten, daß ich weitermachte, auch als ich mich eigentlich hätte ablösen lassen sollen. Die Folge war, daß ich von Zeit zu Zeit für einige Sekunden einnickte und die *Docker* mit der *Wills* im Schlepptau vom Kurs abkam. Durch die Erschöpfung und den Schlafmangel hatte jeder von uns an Urteilsvermögen eingebüßt, auch Shackleton. Denn als ich zum ersten Mal kurz einschlief und dadurch die beiden Boote unbeabsichtigt nach Steuerbord abdrehte, vermutete Shackleton, der in der *Caird* folgte, ich würde Clarence Island ansteuern – seiner Weisung entgegen, auf Elephant Island zuzuhalten. Beim nächsten unfreiwilligen Abdrehen glaubte er sich meiner Absicht sicher, weil er nicht wahrnahm, daß ich lediglich für einen Moment eingenickt war. Natürlich wurde er ärgerlich. Beim dritten Mal lenkte ich aus Versehen nach Backbord. Dies verwirrte und verärgerte ihn so sehr, daß er schrie: »Sie wollen mich wohl für dumm verkaufen?« Unter normalen Bedingungen hätte er niemals so ungehalten reagiert. Meine Männer, die es hörten, reagierten zornig, und mich ärgerte in meinem halbwachen Zustand, daß meine Bemühungen mißverstanden wurden. Ich war so erregt, daß ich ihm eigentlich eine passende Antwort geben wollte. Aber er mußte in einer ähnlichen Verfassung sein wie ich, darüber hinaus noch in schrecklicher Sorge um seine Mannschaft und belastet durch die Verantwortung. Also begnügte ich mich mit einer beschwichtigenden Geste, um eine weitere Auseinandersetzung zu vermeiden. Danach war ich wieder hellwach.

Ich erwähne diesen Vorfall nur, um zu zeigen, wie sehr die Erschöpfung uns plagte. Als Shackleton später den Grund für mein unstetes Steuern herausfand, entschuldigte er sich auf seine gewohnt anständige Weise.

Vor Sonnenuntergang blies der Wind von vorn. Es hieß: »Hol nieder Segel, und an die Riemen!«, und so ruderten wir auf das südliche Ende der Insel zu. Die *Docker*, unter gemäßigten Wetterbedingungen unser schnellstes Boot, schleppte abwechselnd die *Caird* und die *Wills*. Die Besatzungen der anderen Boote ruderten dabei kräftig weiter, um uns zu entlasten.

Nach Einbruch der Dunkelheit frischte die Brise so auf,

daß wir rudernd nicht dagegen ankamen. Wir hißten erneut die Segel, um gegen den Wind zu kreuzen, bis wir eine geschützte Stelle erreichen würden. Und immer noch hatten wir die *Wills* im Schlepptau. Als der Wind dann zum Sturm wurde, sollte die *Caird* die Führung übernehmen, da sie größer war und wegen ihres schützenden Decks mehr Segelfläche führen konnte. Also übergab ich Shackleton das Schlepptau der *Wills*. Zwei Stunden lang hielten wir uns Seite an Seite – ein aufregendes Rennen bei hohen Windstärken. Wir segelten so nahe beieinander, daß wir einander etwas zurufen konnten – mehr, um uns Gesellschaft zu leisten, als um Informationen auszutauschen, denn unsere Worte gingen meist unverstanden im Sturm unter.

Die Böen nahmen ständig zu, und die See wurde so schwer, daß wir uns immer wieder in den Wind stellen mußten, damit unser Boot nicht kenterte. Man darf nicht vergessen, daß unser Dollbord bei ruhiger See lediglich einen halben Meter über den Wasserspiegel ragte. Shackleton seinerseits mußte auch die *Caird* sehr vorsichtig navigieren, um die im Schlepptau befindliche *Wills* nicht zu gefährden. Sie lag noch tiefer im Wasser, und für ein offenes Boot wirkte sie gefährlich klein. Die *Docker* machte weiterhin gute Fahrt gegen den Wind, und die *Caird* zog in unserem Windschatten ein wenig nach vorn.

An der südöstlichen Seite von Elephant Island gibt es eine große Bucht, die etwa 17 Meilen breit und 14 Meilen lang ist. Da wir uns in der Dunkelheit des Sturms und bei dichtem Schneetreiben näherten, konnten wir weder die Bucht noch überhaupt irgendwelches Land ausmachen. Aber immerhin würden wir möglicherweise am nachlassenden Wellengang erkennen, daß wir uns im Windschatten des Strandes befänden. Der Sturm heulte und stob bittere Kälte aus Nordwest über das große Eisplateau von Elephant Island. Ich ging mit der *Docker* an den Wind, weil ich hoffte, in der Bucht endlich auf ruhigeres Wasser zu treffen. Außerdem liefen wir Gefahr, nach Clarence Island abgetrieben zu werden.

Wir befanden uns inmitten der Kreuzwellen einer besonders unruhigen See. Diese Wogen, die rund um die Insel aus zwei verschiedenen Richtungen über uns hereinbrachen, waren weitaus gefährlicher für unsere kleinen Boote als die geradelaufenden Brecher eines schweren Sturmes auf offener See. Es war unmöglich, den heranrollenden Wassermassen auszuweichen, und immer wieder schlug die Gischt in unser Boot. Dann hieß es: »Schöpft, Männer! Schöpft, was das Zeug hält!«

Glücklicherweise drehte der Sturm kurz vor Mitternacht auf Südwest. Endlich konnten wir Kurs aufs Land nehmen. Wir wußten nicht genau zu bestimmen, wo wir waren, da unser Kompaß zerschlagen war und wir es nicht wagten, allzu viele Streichhölzer zu verschwenden, um einen Blick auf meinen Taschenkompaß zu erhaschen.

Aber als ich dann spürte, daß der Wind sich gedreht hatte, drehte ich das Boot sechs oder sieben Minuten lang mit dem Bug in den Wind und längsseits neben der *Caird* bei. Ich rief: »Boß, ich sollte wohl besser aufs Land zusteuern und nach einem Anlegeplatz suchen.« Er antwortete: »In Ordnung, aber verliere uns nicht aus den Augen.« Ich luvte an, aber als die Boote sich voneinander entfernten, kam ein schweres Schneegestöber auf. Es hielt fast eine Stunde lang an. Als es sich aufklärte, war von den anderen nichts mehr zu sehen, und wir machten uns große Sorgen um ihre Sicherheit. Die frühen Morgenstunden des 15. April mußten angebrochen sein.

Mit jeder Bö blies der Wind schärfer, und die Wellen schlugen höher. Durch eine Lücke in den Wolken schien der Mond auf die stürmische See und enthüllte für zwei Minuten das gespenstische weiße Hochland und die Gletscher der Insel. Eine neue Bö wischte alles fort. Direkt neben uns hörten wir Wale blasen. Vielleicht waren es Kilerwale, vielleicht andere – wie auch immer: Ein Stoß von einem dieser Tiere hätte uns zum Kentern gebracht. Wenn es sich um Killerwale gehandelt hätte, dann hätten wir wenigstens ein schnelles Ende gefunden. Zu unserer großen Erleichterung verließen uns die Tiere bald, um nach einer schmackhafteren Beute zu suchen, als es schmutzige, übelriechende Männer in Burberry-Overalls sind.

Plötzlich entdeckten wir auf der Leeseite ein Licht. Ein wunderbarer Anblick! Shackleton hatte seine Lampe auf die Segel der *Caird* gerichtet, als Zeichen für uns. Irgendwie brachten wir es dann fertig, unter der Zeltbahn eine Kerze zu entzünden, und hofften, daß das Licht hindurchscheinen und Sir Ernest beruhigen würde. Am nächsten Tag erklärte er mir allerdings, daß er den matten Schein nicht wahrgenommen habe. Zumindest konnten unsere armen Jungs mit Hilfe der Kerze ihre Pfeifen entzünden. Das Rauchen war unser einziger Trost, denn essen konnten wir wegen unseres quälenden Durstes nichts. Zudem erlaubte uns das Kerzenlicht endlich, einen Blick auf meinen Kompaß zu werfen, der uns zeigte, in welche Richtung wir segelten und daß der Wind günstig stand.

Als Shackletons Licht wieder verschwand, befanden wir uns in einer starken Gezeitenströmung, die in Verbindung mit den steilen, schweren Wellen sehr gefährlich war. Die Wellen brachen von allen Seiten zugleich über uns herein. Jeder schöpfte wie wild, und Lees, der selbst zugab, ein schrecklich fauler Seemann zu sein, hob sich durch besonders ausdauerndes Schöpfen hervor. Als Greenstreet sich zwischendurch für einige Augenblicke aufrichtete, rief er aus: »Seht, der Major schafft mehr heraus, als hereingekommen ist.« Und so war es: Der arme Kerl schöpfte fleißig Wasser aus dem Boot und übergab sich gleichzeitig.

Die Gefahr war so groß, daß wir das Boot nicht aus dem Wind heraushalten konnten, um wieder auf Shackleton zu treffen. Wir konnten nur beten, daß die *Wills*, das kleinste Boot, noch nicht untergegangen war. Greenstreet war großartig – nie verlor er die Hoffnung, und immer hatte er einen deftigen Seemannswitz auf den Lippen. Ich hatte zuvor angeordnet, die weniger wichtigen Vorräte so zu plazieren, daß man sie bei Bedarf schnell über Bord hätte werfen können. Im schlimmsten Augenblick, als es fast unmöglich wurde, das Boot über Wasser zu halten, rief ich: »Werft die Vorräte über Bord!« Greenstreet erwiderte: »Ich würde warten. Unsere *Docker* wird schon durchkommen.« Ich widerrief den Befehl, und eine Stunde später war ich froh, daß ich seinen Rat beherzigt hatte. Er und Dr. Macklin waren in dieser Nacht meine Rettungsanker, meine seelischen Stützen, und wann immer wir rudern mußten, waren sie die Schlagmänner – mein Antrieb. Cheetham und McLeod, die Veteranen der Antarktis, trugen ihren Teil dazu bei. Mac war ein typischer Seebär und ebenso brummig. Das Sprichwort der Handelsmarine »Knurre, aber mach weiter« muß sein Motto gewesen sein. Dennoch war er bei allen beliebt. Cheetham war ein Pirat bis in die Spitzen seiner verfrorenen Finger. Er spezialisierte sich auf das Erbeuten von Streichhölzern. Dieser für uns so wertvolle Rohstoff wurde während der Zeit auf dem Treibeis zu Gemeingut.

Als der Sturm seinen Höhepunkt erreicht hatte, ging ausgerechnet Cheethams Pfeife aus. Während ich steuerte, fühlte ich plötzlich, daß jemand es sich an meiner Seite gemütlich machte. Dann hörte ich Cheetham, der genau wußte, wie sparsam ich immer war, flüstern: »Sir, können Sie mir ein Streichholz geben?« Als ich ihm eins zusteckte, waren die anderen Männer so verärgert, daß ich ihn später abwies, als die Gischt seine Pfeife erneut zum Erlöschen gebracht hatte und er ein weiteres Streichholz erbetteln wollte. Seine Stimme klang daraufhin so weinerlich, daß ich es nicht übers Herz brachte, ihm seine Pfeife zu verweigern. Ich sagte: »Ich werde dir eins verkaufen.« Er erwiderte: »Okay, Sir, zu welchem Preis?« – »Eine Flasche Champagner«, sagte ich und lachte in mich hinein. – »Abgemacht«, antwortete er. »Sobald ich meine kleine Kneipe in Hull aufgemacht habe, gehört der Champagner Ihnen.« Armer Cheetham! Ich weiß nicht, ob er jemals diese »kleine Kneipe« gekauft hat, aber seine Schulden hat er niemals bezahlt – er wurde im Kampf gegen die Deutschen kurz vor Kriegsende auf der Nordsee getötet.

Marston und Kerr waren bereitwillige, harte Arbeiter. Gerade Marston schien diese Art von Arbeit geradezu zu genießen und hielt die Strapazen dieser 90 Stunden ebenso gut aus wie alle anderen. Greenstreet und ich waren die gesamte Zeit über wach geblieben. Später erfuhr ich, daß auch Shackleton und Wild während dieser vier Tage und Nächte nicht geschlafen hatten.

Zu unserer Überraschung stellte sich heraus, daß die Seeleute mit Hochsee-Erfahrung die Anspannung und die Kälte besser aushielten als die meisten unserer Nordseefischer. Eine weitere Überraschung war der braungebrannte, schlanke Dr. McIlroy. Er war direkt von seiner Arbeit in Malaysia aus zur Expedition gestoßen. Aber er überstand die Kälte in vorbildlicher Verfassung.

Das wiederholte Durchnäßtwerden in bitterer Kälte, bei Durst, Hunger und Erschöpfung, führte zu zahlreichen kleineren Erfrierungen. Gegen 15 Uhr brachte Greenstreet es fertig, eine halbe Stunde zu schlafen. Dann stellte er fest, daß sein rechter Fuß voller Frostbeulen war. Lees kurierte ihn halbwegs, indem er ihm Schuhe und Socken auszog und den Fuß massierte. Dann wärmte er Greenstreets nackten Fuß heldenmutig unter seinem Pullover an seinem Bauch!

Ungefähr zu dieser Zeit wurde die Sicht wieder durch Schneeböen und Gischt erschwert. Wir spürten instinktiv, daß wir dem Land näher gekommen waren, konnten es aber nicht sehen. Das ständige Ausschauen in den Wind, um das Boot auch durch die schwersten Brecher zu steuern, und die ständigen Salzwasserspritzer in meinem Gesicht hatten meine Augenlider fast völlig verklebt. Ich konnte nicht mehr richtig sehen, geschweige denn die Situation überschauen, und ab und zu nickte ich erneut für ein oder zwei wichtige Sekunden an der Pinne ein. Greenstreet drängte mich, ihm das Ruder zu übergeben.

Zwischen 3 und 4 Uhr stellte er fest, daß ich durch Nässe und Kälte völlig steif geworden war. Ich hatte 20 Stunden lang in einer verkrampften Haltung gesteuert und dabei auf den Vorratskisten gesessen. Greenstreet übernahm also die Pinne, und ich bat: »Lassen Sie mich wissen, wenn wir uns dem Land nähern.« Als Macklin und McLeod mich unter die triefenden Zeltbahnen legten, bat ich sie zunächst, mich auszustrecken und meine Schenkel und die Leistengegend zu massieren. Während sie dies taten – sie bogen mich gerade, so wie man ein Klappmesser öffnet –, schlief ich in ihren Armen ein. Nachdem sie eifrig meinen Bauch und meine Beine massiert hatten, legten sie sich zu mir unter das Zelt, jeder auf eine Seite, um die hereinbrechenden Wellen wenigstens etwas von mir abzuhalten.

Mehr als eine Stunde lang nahm ich nichts von dem wahr, was um mich herum geschah. Greenstreet sichtete die Insel etwa um 5 Uhr morgens. Bald darauf, beim ersten Tageslicht, stellte er fest, daß wir uns dem Land schnell näherten.

Riesige Klippen ragten aus dem Schnee. Vor uns türmte sich eine Eiswand auf, an deren Fuß schwere Brecher niedergingen. Ein weiterer Schneesturm fegte über uns hinweg, und Greenstreet konnte nicht mehr erkennen, in welche Richtung er steuern sollte. »Weckt den Skipper!« rief er und hieß zwei der Männer, mich herausziehen. Drei oder vier Minuten lang taten sie ihr Bestes, um mich aufzuwecken. Als ihre Bemühungen erfolglos blieben, waren sie beunruhigt. Sie merkten nicht, wie tief ich schlief. Cheetham fragte Dr. Macklin, ob ich tot sei. Aber dieser versicherte nach einer kurzen Untersuchung, die »Leiche« sei durchaus lebendig! McLeon, der die Notwendigkeit erkannte, mich zu wecken, erklärte: »Ich kriege den Skipper schon wach.« Er versetzte mir zwei harte Tritte gegen den Hinterkopf. Schlagartig richtete ich mich auf und antwortete prompt auf Greenstreets Frage, wohin er steuern solle: »Vier Grad abfallen!«

Man erzählte mir zwar, daß ich fast nicht wach zu bekommen war, aber ich ahnte nicht, wie drastisch sie dabei vorgingen. Erst drei Jahre später, als wir mit Shackleton in der Armee in Nordrußland unterwegs waren, hat Macklin mir dies gebeichtet.

Ich übernahm das Ruder wieder und steuerte das Boot vor dem Sturm nach Norden an der Küste entlang. Wir gelangten zum nordöstlichen Ende der großen Bucht im Süden von Elephant Island. Etwa eine halbe Stunde lang befanden wir uns erneut in einer gefährlichen Lage. Der Wind hatte vier Stunden zuvor auf Südwest gedreht, und jetzt rollte die schwere See geradewegs von achtern heran. Während wir vor dem Wind segelten, drohten diese schweren Brecher über unser Heck hereinzuschlagen und unser Boot zu versenken. Neben uns tauchten Klippen und Gletscherfronten auf, von denen wir uns fernhalten mußten. Bei den nun notwendigen ständigen Manövern drohte unser Boot zu halsen, was die Gefahr des Kenterns noch vergrößerte. 20 Minuten lang hielten wir uns parallel zu den Klippen. Wir segelten an der großen Bucht vorüber und umrundeten eine Landspitze. Plötzlich befanden wir uns in vergleichsweise ruhigem Gewässer. Die schwere See wurde nun durch die Landzunge abgehalten, und der Sturm ließ nach. Wir waren außer uns vor Freude darüber, in Sicherheit zu sein. Auf der windabgewandten Seite der Insel klarte der Himmel auf, und die Sonne schob sich hervor.

Unsere Stimmung hob sich zunehmend, als wir weitersegelten und kleine Brocken Gletschereis gegen unseren Bug schlugen. Ich steuerte mitten hinein, bis wir noch etwa sieben Meter vom Ufer entfernt waren, und ließ etwas von dem Süßwassereis bergen. Die Männer beugten sich über die Reling und fischten jauchzend einige der Brocken heraus. Mit ihren Messern brachen sie das Eis in Stücke und saugten voller Freude daran. Dann, als ihre ausgedörrten Zungen und Münder befeuchtet waren, kam ihnen ihr Hunger wieder zu Bewußtsein. Als Greenstreet ein Stück Eis abgeschabt hatte und es mir reichte, dachte ich dankbar, was für ein toller Kerl er doch sei. Und was war es für ein wunderbares Gefühl, frisches Wasser die brennende Kehle hinunterrinnen zu spüren!

Dann aßen wir. Wir kauten Kekse, Nüsse, Dörrfleisch und rohes Robbenfleisch. Eine seltsame Mischung, aber wir hätten sogar Leder essen können. Wir waren glücklich, weil wir wußten, daß wir bald einen Rastplatz finden würden.

Plötzlich überfiel uns die Sorge um Shackleton und unsere Gefährten. Das letzte, was wir von ihnen gesehen hatten, war das Licht, das ihre Segel beschienen hatte. Ich bangte besonders um die *Wills*. Besorgt suchte ich das Meer mit Blicken ab.

Auch unsere eigene Lage war noch immer schwierig. Die Männer waren vollkommen erschöpft. Wir segelten 14 Meilen an der Küste entlang, an hohen Wänden aus Felsen und Eis, ohne eine einzige mögliche Anlegestelle zu entdecken.

Dann sah ich einen niedrigen felsigen Strand, der Zuflucht versprach. Einen Moment lang waren wir völlig verblüfft, als wir zwei kleine Masten erblickten. Dann wurde uns klar, daß sie zu den vermißten Booten gehörten, und aus unserer Verblüffung wurde Jubel. Sie hielten auf genau die Anlegestelle zu, die vor uns lag. Wir ließen sie dreimal hochleben, und 20 Minuten später legten wir ebenfalls an. Gegen 10 Uhr gab es ein freudiges Wiedersehen. Aber wir hatten nicht viel Zeit, uns zu beglückwünschen. Es dauerte noch rund fünf Stunden, bis wir alle unsere Aufgaben bewältigt hatten.

Während einige von uns die Vorräte an Land brachten, zogen andere die Boote über die Felskante aus dem Wasser. Green zauberte aus einem See-Elefanten, den wir erlegt hatten, einen wunderbaren heißen Eintopf. Wir tranken heiße Milch. Während wir anderen mit unseren Arbeiten fortfuhren, aßen der Koch und seine Gehilfen selbst etwas. Dann atmeten sie tief durch und bereiteten uns gemächlich eine weitere Mahlzeit zu.

Einigen unserer Männer war es nicht nur viel leichter ums Herz geworden, sie verloren förmlich den Kopf. Als sie an Land gingen, torkelten sie herum und lachten wie besessen. Andere setzten sich auf den steinigen Strand und ließen wie harmlose Verrückte die kleinen Kiesel durch die Hände rieseln, wie um sich zu vergewissern, daß sie tatsächlich endlich festen Boden unter den Füßen hatten. Blackborow konnte auf seinen erfrorenen Füßen nicht laufen. Alle hatten rotgeränderte Augen. Shackleton ging gebeugt und schien durch all die Beschwernisse gealtert: durch die Last der Verantwortung für die Boote und das Leben seiner Männer.

Sobald wir die Boote und unsere Vorräte außerhalb des Hochwasserbereichs gebracht hatten, schlugen wir die Zelte auf und legten unsere durchnäßten Schlafsäcke aus, um sie in Wind und Sonne wenigstens teilweise zu trocknen.

Dann inspizierten Shackleton, Wild, Hurley und ich den Strand. Was wir sahen, war nicht sehr vielversprechend. Der Strand lag gut einen Meter über dem normalen Tidenhöchststand. Dahinter erhoben sich glatte, nicht zu erklimmende Steilklippen, und der erste Sturm von Osten würde uns hinwegfegen. Unser Camp lag am Kap Valentine, dem nordöstlichen Zipfel von Elephant Island.

Wir krochen in unsere Schlafsäcke. Ihr Gestank war uns egal – wir fanden sie himmlisch. Unsere Schultern ruhten auf spitzen Steinen, aber auch das machte uns nichts aus. Wir waren einfach nur glücklich, nach dem Alptraum unserer Überfahrt und nach dem sechs Monate währenden gefährlichen Leben auf schwankendem Eis festes Land unter uns zu spüren. Ich denke, daß die meisten von uns ein kleines Dankgebet für unsere Rettung sprachen, bevor sie einschliefen.

100 Stunden lang, unter größten Entbehrungen und den Elementen ausgeliefert, waren Shackleton und Wild nicht zum Schlafen gekommen. Greenstreet und ich hatten jeweils eine Stunde geschlafen. Es war daher nicht verwunderlich, daß wir jetzt, wo wir endlich sicher schlafen konnten, glückliche 18 Stunden lang schlummerten. Es hätten 19 Stunden sein können, wenn nicht jeder, der fit genug war, eine Stunde damit verbracht hätte, das Lager zu bewachen und das Wetter aufmerksam zu beobachten. Wäre der Wind irgendwann von Osten gekommen, dann hätten wir die Boote zu Wasser lassen müssen, bevor die Wasserlinie anstieg. Wir hätten weiter im Westen ein sichereres Lager gesucht.

Die ganze Nacht über brannte der Blubber-Ofen. Jeder, der Wache hatte, kochte und aß Robbenleber, Robbenhirn und Robbenfleisch. Nachdem wir so lange auf Essen und Trinken hatten verzichten müssen, genossen wir beides nun ausgiebig.

Am 16. April gegen 11 Uhr erwachte das Camp zum Leben. Der Tag wurde damit verbracht, zu essen, Kleidung und Schlafsäcke zu trocknen und unsere Ausrüstung zu überholen. Unser Strand ähnelte einem schmutzigen Zigeunerlager.

Während wir anderen unseren Beschäftigungen nachgingen, fuhr Wild mit leichter Ladung mit der *Stancomb Wills* nach Westen, um Ausschau nach einem sichereren Lagerplatz zu halten. Um 20 Uhr kehrte er, durch unser Tranfeuer geleitet, zurück und berichtete, daß er sieben oder acht Meilen westlich eine günstige Stelle gefunden habe. Dazwischen sei keine Landung möglich. Dies hieß, daß auf dem 22 Meilen langen Küstenstreifen – einschließlich der 14 Meilen, die wir mit der *Docker* abgefahren hatten – nur zwei Anlegestellen existierten. Und weder unser augenblicklicher Platz noch der, den Wild gefunden hatte, konnten bei Wind aus Nordwesten oder Osten genutzt werden. Wegen ihrer Ungastlichkeit und des rauhen Klimas wurde der Name der Insel, »Elephant Island«, von unseren Männer zu »hell of an island« – eine Hölle von einer Insel – verfälscht!

Am 17. April tauchte im Osten Packeis auf, das schnell auf unseren Strand zutrieb. Es bestand die Gefahr, daß es sich um unsere Landestelle herum auftürmen und uns einschließen könnte. Es wurde allerhöchste Zeit, diesen unsicheren Standort zu verlassen. Aber einige der Männer waren unschlüssig, ob sie sich den Gefahren einer weiteren Bootsfahrt, wie kurz diese auch immer sein möge, aussetzen wollten. Sie schienen bei der Erinnerung an die erlittenen Qualen innerlich zu schaudern. Viele hatten ihre Kräfte noch nicht ganz zurückgewonnen, weshalb es bis in den Vormittag hinein dauerte, die Boote über den Strand und die Felskanten zu ziehen. Bis wir die Boote zu Wasser gelassen und beladen hatten, alle Männer an Bord waren und wir ablegen konnten, verging eine weitere Stunde. Beim Transport der Boote hatten wir großes Pech, denn uns zerbrachen drei Riemen, weil wir sie als Rollbalken benutzt hatten. Dies sollte sich wenig später als schlimmer Verlust erweisen.

Vom Lagerplatz bei Kap Valentine aus, den wir verließen, zog sich die Küste in einer unregelmäßigen Linie acht

Dezember 1914 - die *Endurance* wagt sich in das Packeis des Weddelmeeres
(Scott Polar Research Institute)

Das Kielwasser der *Endurance* (National Library of Australia)

Juni 1915 -die *Endurance* im Mondschein   (Scott Polar Research Institute)

Das Deck der Endurance nach heftigem Schneefall (Scott Polar Research Institute)

Der Versuch, das Schiff aus dem Eis zu befreien (Scott Polar Research Institute)

Ein riesiger Eisberg, der das Schiff bedrohte   (Scott Polar Research Institute)

Rechte Seite:
Oben: Robert Clark in seinem Labor an Bord der *Endurance*
                                                      (Scott Polar Research Institute)

Unten: Hussey und Hurley spielten während der Nachtwache eine Partie Schach
                                                      (Scott Polar Research Institute)

Expeditionsfotograf Frank Hurley mit seiner Kamera

(Scott Polar Research Institute)

Einige der Expeditionsteilnehmer hatten ein sehr enges Verhältnis zu den
Schlittenhunden   (Scott Polar Research Institute)

Die Endurance, gefangen in einer Eisspalte - bald darauf sank sie
(Royal Geographical Society)

Meilen in Richtung Westen bis zu unserer neuen Anlegestelle. Wir hofften, daß wir dort am frühen Nachmittag
ankommen würden, wenn wir ununterbrochen ruderten.
Aber es kam anders als geplant.

Eine starke Dünung brandete von Norden her gegen die
Klippen in der Nähe des Landeplatzes. Wir ruderten etwa
zehn Minuten in ruhigem Wasser an der nördlichen Küste
der Insel entlang nach Westen. Dann mußten wir gegen
starke Windböen aus Süden ankämpfen. Weitere zehn
Minuten später blies ein schwerer Sturm aus Süd-Südwest,
aber durch angestrengtes Rudern gelang es uns, dicht
unter eine hohe Klippe zu gelangen, die uns halbwegs
Schutz bot. Doch selbst dort erreichten uns Böen und
Wirbel. Vor uns sahen wir hohe weiße Gischtsäulen quer
über unseren Bug emporschießen und zischend und fau-
chend aufs Meer hinauswirbeln. Diese starken Böen wehten vom eisigen Hochland durch eine Spalte in den Klippen genau vor uns herunter. Als wir uns dieser Stelle
näherten, mußten wir uns nah an Land halten. Die *Wills*
blieb nur knapp davon verschont, von einer großen Woge
gegen die Felsen geschleudert zu werden.

Die Rudergriffe waren erneut mit gefrorener Gischt
bedeckt. Die Ruderer hatten Mühe, sie mit ihren steifge-
frorenen Händen zu halten. Der schlüpfrige Griff machte
es schwer, mit voller Kraft zu rudern. Dennoch ruderte
Macklin immerhin so verbissen, daß er ein weiteres Ruder
zerbrach, und auf der *Stancomb Wills* passierte ein ähnli-
ches Mißgeschick. Dadurch wurde unser Gesamtbestand
an Riemen auf zwölf reduziert. Die *James Caird*, das
schwerste und höchste Boot, mußte fünf Ruder behalten,
damit sie nicht aufs offene Meer hinausgetrieben würde.
Wir hatten noch vier übrig, aber die *Wills* nur noch drei.

Unsere *Docker* fuhr voran, als ich merkte, daß die *Wills*
durch die Böen in Rückstand geriet. Ich ließ unser Boot
zurückfallen und übergab Crean, der über 1,80 Meter groß

war, unser kürzestes Ruder. Er dankte mir überschwenglich, fügte aber hinzu: »Lieber Skipper, wozu zum Teufel soll es gut sein, mir, dem längsten Mann, das kürzeste Ruder zu geben?« – »Tausche es einfach mit jemandem!« rief ich, was er dann auch tat. Dann ermahnte ich meine Crew leidenschaftlich: »Rudert, so hart ihr könnt, und löst euch häufig ab!« Sie machten ihre Sache so gut, daß wir trotz der wenigen Riemen mithalten konnten, aber ohne die herkulischen Anstrengungen von Macklin, Greenstreet und McLeod wären wir vom Sturm auf die offene See hinausgeblasen worden.

Die Arbeit war so schwer, daß die Hände der Männer wieder warm genug wurden, um das Eis von den Rudergriffen zu schmelzen. Doch zuvor passierte beinahe ein neues Unglück: Einer der Männer konnte mit seinen eiskalten Fingern den Riemen nicht mehr halten. Er entglitt seinem Griff, zerschlug das Taljereep und fiel ins Meer. »Alle zurück!« schrie ich, aber Kerr, der neben mir saß, fing das Ruder geistesgegenwärtig auf, bevor es hinter uns verschwinden konnte. Bis Cheetham den Mann mit den erfrorenen Fingern abgelöst und unsere drei Riemen wieder voll im Einsatz waren, lagen wir fast 50 Meter hinter den anderen Booten zurück.

Nach zwei Stunden harten Ruderns kämpften wir uns in die Mündung einer Schlucht, die nicht viel mehr war als ein Riß in den Felsen, uns aber ein wenig Schutz bot. Zwei Männer in jedem Boot, die sich an den Riemen abwechselten, konnten uns in Position halten. Wir anderen nahmen eine kalte Mahlzeit zu uns und rauchten.

Nachdem jeder sich ausgeruht und gegessen hatte, gab Shackleton den Befehl zum Aufbruch. Obwohl der Sturm querab blies, wagten wir es nicht, die Segel zu setzen. Die von den Klippen herabstürzenden Böen wirbelten wild in alle Richtungen. Sie hätten unsere kleinen, offenen Boote unter Segeln mit hoher Wahrscheinlichkeit zum Kentern gebracht. Als wir aus der Felsspalte herauskamen, brauste der Wind auf uns nieder, peitschte die See zu weißem Schaum, zerfetzte die Wellenkämme und trieb die Gischt vor sich her.

Wir hielten uns im Schutz der Klippen, so lange wir konnten. Wir ruderten mit halbem Wind auf die Küste zu, so daß wir uns wie im Krebsgang unserem Bestimmungsort näherten.

Da wir nur drei Ruder hatten, wurde unsere *Docker* immer langsamer. Während die anderen beiden Boote es schafften, eine 300 Meter hohe Felssäule landseitig zu umschiffen, die eine Viertelmeile vor der Küste im Meer aufragte, gerieten wir auf deren Leeseite. Wir liefen Gefahr, aufs Meer hinausgetrieben zu werden. Ich beschwor die Männer eindringlich, härter und immer härter zu rudern. Ich wurde dabei so heftig und verbissen, daß einer die Nerven verlor, als der Wind noch stärker blies. Er jammerte wehleidig und heulte fast. Obwohl ich normalerweise über ein ausreichendes Maß an Geduld verfüge, verlor ich meine Fassung und hob die Ruderpinne, bereit zum Schlag. Die Drohung reichte. Er legte sich mit ganzer Kraft in die Riemen, hörte auf zu wimmern und sparte seinen Atem für Wichtigeres.

Wir trieben langsam von der Küste ab und waren am Rande der Verzweiflung. Ich setzte Marston ein, um das Ruder auf der Wetterseite doppelt zu nutzen. Ich beschimpfte sie, um ihnen tüchtig einzuheizen, und trieb sie an wie der Steuermann des Cambridge-Achters beim Schlußspurt. Wir konnten unsere Position halten, kamen jedoch nicht von der Stelle. Ich drängte sie: »Legt euch hinein! Legt euch hinein! Zieht härter, als ihr ziehen könnt!« Dies war zwar völlig unlogisch, aber sie taten es. Das Boot gewann einen halben Meter, aber das war nicht genug. Da ich bisher gesteuert hatte, war ich am frischesten. Also löste ich Greenstreet am Schlagruder ab. »Nimm die Pinne, und steuere auf den Felsen zu!« rief ich und legte mich wie ein Verrückter ins Zeug. Ich fluchte: »Laßt uns luvwärts kommen oder den verdammten Kahn versenken!« – »Frische Leute an die Riemen!« schrie Greenstreet. Macklin und Kerr ergriffen die Ruder, ohne einen Schlag auszusetzen, und wir drei pullten wie verrückt. »Legt euch rein! Legt euch rein! Ihr...!« brüllte Greenstreet. Wir »legten uns hinein«, wie keiner von uns es jemals zuvor getan hatte. »Zeigt es der alten *Dudley Docker*, wir schaffen es!« schrie er. »Legt euch rein! Rammt den Felsen! Zusammen! Hebt an! Hebt an!« Wir »hoben« das Boot. Es kam vorwärts, kam vorwärts, kam noch ein kleines Stück vorwärts. Eine halbe Stunde später lehnten wir nach Atem ringend und schwitzend über unseren Rudern, immer noch auf der Leeseite des großen Felsens. Wir ließen die Riemen fahren und sanken zu Boden, damit Cheetham und Marston mit dem Boot in Position bleiben konnten. Greenstreet hielt das Boot mit viel seemännischem Geschick beim Felsen und aus dem Wind heraus, ohne aber der glatten Felswand zu nahe zu kommen. Die Rückströmung einer großen Woge warf uns eine Riemenlänge in Richtung Felsen. Es kam uns so vor, als würden wir schwindelnde fünf Meter an ihm emporklettern, bevor wir wieder in ein Wellental fielen.

Nach und nach wich unsere Erschöpfung einer gewissen Erleichterung. Zumindest eine Zeitlang waren wir sicher. Matt lächelten wir einander an. Der Sturm heulte um den Felsen herum und jagte pfeifend an uns vorbei aufs offene Meer hinaus. Zwölf Meter war das tobende Meer von uns entfernt, in beide Richtungen mit weißem Schaum und Gischt bedeckt.

Während wir uns erholten und wieder zu Kräften kamen, beobachteten wir die See und hofften auf jedes noch so kurze Nachlassen des Windes, das dem Boot eine Möglichkeit geben würde, zur Küste zu gelangen. Wir warteten, unsere drei Riemen im Anschlag.

Schließlich ließ der Sturm spürbar nach. Wir trieben das Boot voran, so kräftig wir konnten, und ruderten in das noch immer aufgewühlte Meer hinaus. Eine halbe Stunde harten Ruderns brachte uns der Stelle nahe, an der die Küste sich nach Norden wandte. Wir konnten nun den Wind von Backbord nutzen, und wir kamen mit weitaus weniger Anstrengung voran.

Vor 18 Uhr sichteten wir die Anlegestelle, wo die anderen Boote bereits an Land gezogen wurden.

Wir erreichten den Strand in der flammenden Glut eines unglaublich schönen, aber stürmischen Sonnenuntergangs. Im Westen ragten zwei große schwarze Felsen über dem Lagerplatz auf, deren Sockel im purpurroten Dunst verborgen lagen. Im Südwesten leuchteten die Kanten eines großen Gletschers rosenfarben, hoch über dem sturmgepeitschten Wasser der Bucht. Unsere Männer an Land, die bereits Vorräte den Strand hinauftrugen, wirkten wie emsige Ameisen. Als sie uns entdeckten, liefen sie sofort herbei, um uns zu helfen. Shackleton war um unsere Sicherheit sehr besorgt gewesen und freute sich sichtlich über unsere Ankunft.

Unter seiner Anleitung wurden die Boote entladen und neben die Vorräte oberhalb der Hochwasserlinie gezogen. Bevor wir unsere Zelte aufschlugen, hatte unser liebes, rußverschmiertes Klößchen als Willkommenstrunk einen Topf heiße Milch zubereitet. Dann kochte er Hoosh, der uns alle mit neuem Leben erfüllte. Endlich schlugen wir das Lager auf und begaben uns zur Ruhe.

Mittlerweile hatte der Sturm wieder zugenommen. Unser fadenscheiniges Zelt war durch die zwei Bootspassagen nicht besser geworden. In den frühen Morgenstunden riß es von oben bis unten durch. Greenstreet fluchte entsetzlich. Drei der Bewohner fanden mit ihren Schlafsäcken Unterschlupf in den anderen Zelten. Ich selbst lehnte mich aus meinem Schlafsack heraus, hob den Zeltpfosten an und rief: »Kommt, Jungs! Wickelt das Zelt über eure Schlafsäcke!« Wir legten den Pfosten um, zogen die zerrissenen Fetzen des Zelts um uns herum und schliefen sofort wieder fest ein. Unter dem Schnee, der bis zum Tagesanbruch 30 Zentimeter hoch über uns aufgeweht war, hatten wir es recht gemütlich.

Vom Eisplateau her bliesen nahezu unaufhörlich Sturmböen herunter. In einer starken Bö wurden Eisplatten mit einer Dicke von einem halben Zentimeter und einer Größe von fast einem halben Meter im Quadrat vom Wind herumgewirbelt, wodurch es gefährlich wurde, sich ins Freie zu begeben.

Nachdem auch die anderen Zelte ruiniert waren, lebten wir unter den umgedrehten Booten. Die »Aristokratie« schlief in ihren Schlafsäcken auf Rudern und Schlittenkufen, die über die Ruderbänke gelegt wurden. Auf dem schmutz- und tranverkrusteten Kiesboden drei Fuß darunter machten sich die ungehobelteren proletarischen Elemente breit. Die »feinen Pinkel« in der oberen Etage klopften ihre Pfeifen über der niederen Klasse aus oder ließen schmutzige Socken hinabfallen. Dies sorgte manchmal für gewisse Unstimmigkeiten, die jedoch glücklicherweise nie in einen echten Klassenkampf ausarteten.

In diesem engen, düsteren Raum führten McIlroy und Macklin eine bemerkenswerte Operation durch. Sie amputierten Blackborows erfrorene Zehen und retteten dadurch seinen Fuß, wenn nicht sogar sein Leben. Diese rekordverdächtige Operation war trotz der fürchterlichen Bedingungen, mit denen die Chirurgen zurechtkommen mußten, erfolgreich.

Unsere bescheidene Behausung war Schlafzimmer, Raucherzimmer, Eßzimmer, Operationssaal und Krankenhaus zugleich. Shackleton bemerkte später einmal: »Wenn man von einem Zimmer ins andere wollte, blieb man einfach, wo man war.«

Im Ernst: Ich bedauerte die 22 Männer zutiefst, die vier Monate lang an diesem schrecklichen Ort in Not und Elend ausharren mußten, während wir im Boot unterwegs waren und vier Rettungsversuche unternahmen, bis wir sie schließlich erlösen konnten.

TEIL 2

Shackletons Bootsreise

I

Wir waren 28 Männer, denen ein Winter auf einer kahlen, öden Insel bevorstand. Wenn keine Robben vom Packeis rutschten oder aus dem Meer auftauchten oder Pinguine ihre Brutstätte verließen, an der sich plötzlich so ein gefährlicher Nachbar wie der Mensch niedergelassen hatte, dann wurden die Nahrungsmittel mitunter bedrohlich knapp. Die verbliebenen Rationen würden für 28 Männer nicht ausreichen, aber vielleicht für 22. Sechs konnten die Insel verlassen, um Hilfe zu suchen.

Niemand sonst auf der Welt wußte, daß Sir Ernest Shackleton und seine Männer sich in der Nähe der South Shetlands befanden. Man würde eher im südlichen Weddellmeer nach uns suchen. Es gab also keine Hoffnung auf Rettung.

Unsere einzige Chance war, mit einem Boot den nächstgelegenen bewohnten Ort zu erreichen und das Leben einiger weniger für die Rettung der gesamten Gruppe zu riskieren.

Wer, wenn nicht Shackleton selbst, hätte diese äußerst gefährliche und schwere Aufgabe übernehmen können. Ein anderes Verhalten ließ sein wahrhaft heldenhafter Charakter gar nicht zu. Als geborene Führungspersönlichkeit mußte er in höchster Gefahr und Schwierigkeit die Verantwortung übernehmen. Ich sah ihn mitunter zögern, doch er war immer da, wenn wirklich Gefahr drohte. Er zeigte eine besondere Art von Mut: Er tat stets das, wovor er sich am meisten fürchtete.

Bevor die *Endurance* zwischen den Eisschollen zermalmt wurde und sank, hatte ich als Kapitän bereits vorsorglich die Kurse und Entfernungen von den South Orkney Islands nach South Georgia, den Falklandinseln und Kap Hoorn errechnet, ebenso wie die von Elephant Island zu diesen Zielorten.

Zwischen dem 55. und dem 60. südlichen Breitengrad treffen zwei große Windsysteme aufeinander: die unablässig um den Pol herum peitschenden Westwinde und die Ostwinde aus wärmeren Klimaregionen. Um Elephant Island herum werden die Westwinde jedoch durch den Druck und die Ablenkung der Anden und das Kap Hoorn nach Süden gedrängt.

Die wirbelnden Westwinde lassen im Winter nahezu niemals nach. Sie verursachen starke Meeresströmungen in östlicher Richtung. Deshalb war unsere Chance, Kap Hoorn – den nächstgelegenen Punkt – zu erreichen, verschwindend gering, eher noch hätten wir es bis zu den Falklands schaffen können. South Georgia jedoch mußte bei diesem Wind zu erreichen sein.

Es wäre unmöglich gewesen, alle 28 Männer über diese Entfernung hinweg am Leben zu erhalten. Die drei Boote hätten nicht zusammenbleiben können, und die beiden kleineren wären wahrscheinlich gesunken. Daher konzentrierten wir unsere spärlichen Ressourcen auf das größte Boot, die *James Caird*, die von Shackleton nach dem Hauptsponsor seiner Expedition benannt worden war. Das Boot verfügte an beiden Enden über Abdeckungen und wurde im Juli 1914 durch das Unternehmen W. J. Leslie in Coldharbour, Poplar, speziell nach meinen Angaben gebaut. Die Beplankung bestand aus baltischer Kiefer, der Kiel und das Spantenwerk aus amerikanischer Ulme und

Vorder- sowie Achtersteven aus englischer Eiche. Die *James Caird* war leichter gebaut, als die Handelskommission dies vorschrieb, und war dadurch wendiger und lag besser im Wasser. Um Platz für Männer und Vorräte zu schaffen, entfernten wir die zur Sicherheit eingebauten Metalltanks.

Während wir nach dem Verlust der *Endurance* auf dem Packeis trieben, hatte der Schiffszimmermann das Boot um etwa 40 Zentimeter erhöht, an jedem Ende einen Spiegel eingesetzt und eine Pumpe eingebaut, die aus der Ummantelung des Schiffskompasses gefertigt war. Wir zogen das Boot in ein Wasserloch und beluden es mit zweieindrittel Tonnen Ladung – ungefähr der verbliebenen Vorratsmenge der Expedition. Es blieb ein Freibord, also ein Rand über dem Wasser, von etwa 70 Zentimetern.

Marston, unser Künstler, half bei den Änderungen. Da wir nicht wußten, womit wir die Nahtstellen abdichten sollten, nachdem wir sie mit Lampendocht aus Baumwolle kalfatert hatten, benutzte er seine Ölfarben als Dichtmasse und strich Robbenblut darüber. Das war wahrscheinlich das erste Mal, daß die Farben eines Künstlers dazu benutzt wurden, die Fugen eines Bootes abzudichten. Fünf Monate später wurde das Boot ebenso wie die beiden anderen Boote einer harten Prüfung unter anstrengendsten und stürmischsten Bedingungen unterzogen. Während dieser Zeit schlug die *James Caird* an einem Eisblock leck und wurde mit einem kleinen Flicken aus Metall repariert.

Unser Schiffszimmermann, der ein hervorragender Schiffsbauer war, hätte, wenn wir Holz zur Verfügung gehabt hätten, einen kleinen Kutter bauen können, in dem wir die gesamte Gruppe sicher hätten transportieren können. Auf Elephant Island überbrückte er den Raum zwischen den Spiegeln mit sehr begrenzten Materialien, bestehend aus Schlittenkufen, Kistendeckeln und altem Segeltuch. Das Segeltuch war steif wie ein Brett gefroren und mit Eis bedeckt. Es wurde unter sehr schmerzhaften Bedingungen von zwei fröhlichen Optimisten zusammengenäht: Greenstreet, dem Ersten Offizier der *Endurance*, und Bakewell, einem kanadischen Vollmatrosen. Sie konnten dies nur tun, indem sie das gefrorene Segeltuch in das Tranfeuer hielten, bis es taute, wobei sie sich oft die Finger verbrannten und der ölige Rauch in ihre Augen und Nasen geriet und sie halb erblinden ließ und fast erstickte. Dann nähten sie, gefährdet von Erfrierungen. Sie mußten äußerst vorsichtig sein, damit durch das schwierige Nähen mit kalten, spröden Segelnadeln nicht der Rest unseres mittlerweile spärlichen Vorrats zerbrochen wurde. Die ganze Zeit über, während sie die unangenehme Aufgabe des Auftauens und Nähens einer Bahn beharrlich wiederholten, riß »Horaz« unverdrossen seine Seemannswitze, und Bakewell antwortete darauf.

Seltsame Seemannsflüche, Sticheleien und Scherze, die selbst hartgesottene Männer zum Erröten gebracht hätten, flogen hin und her. Am Ende war die Arbeit gelungen, und das Ergebnis rettete mehr als einmal unser Leben. Am hinteren Ende wurde ein Loch gelassen, von dem aus man steuern und durch das man die »Kabine« betreten konnte.

Der Zimmermann schraubte einen der Masten der anderen Boote in den Kiel der *Caird*, um zu verhindern, daß diese bei schwerer See entzweibrechen würde. Der Mast der *Stancomb Wills* und deren Segel wurden so zurechtgeschnitten, daß daraus ein Besanmast und ein entsprechendes Segel für die *Caird* wurden. Deren Besegelung bestand dann aus Klüver, Großsegel und einem kleinen Besan. Wäre genug Segeltuch vorhanden gewesen, dann hätte ich Klüver und Groß vorgezogen, letzteres Segel aber erheblich größer. Die Rettungsboote eines Schiffes neigen grundsätzlich zu Luvlastigkeit, und wenn wir das Besan setzten, hielt es das Boot so sehr im Wind, daß das

Ruder immerzu gegensteuern mußte. Das Besan war uns im Weg, zwang uns, ein Ruderjoch statt der Pinne zu benutzen, und war eine dritte Gefahrenquelle, insbesondere wenn es mitsamt seiner Betakelung vereiste. Die Wanten des Hauptmastes wurden mit vier Kupferschrauben von jeweils fünf Zentimeter Länge gesichert.

Die Ausrüstung des Bootes bestand aus vier Rudern, sechs Stakhölzern, einem langen Seil, das als Fangleine oder zum Ziehen des Treibankers diente, einem Bootskompaß, einem Ölbeutel, roten Lampen, Signalfackeln, zwei Wasserbehältern, einer Schöpfkelle, zwei Äxten, einem Marlspieker und einem Beutel mit Werkzeug und Reparaturmaterial. Außerdem nahmen wir einen Primuskocher mit Paraffin und Brennspiritus, Robbenöl und einen »Arzneischrank« an Bord – eine kleine Medizintasche von Burroughs & Wellcome, die eigentlich für Schlitten gedacht war.

Sir Ernest hatte alle möglichen Verbesserungen am Boot vornehmen lassen und alle Vorbereitungen für die Reise getroffen.

Nachdem er sich nach einer Beratung mit Wild und mir entschlossen hatte, das Wagnis einzugehen, wählte er als Begleitung Tom Crean, Harry McNeish, Timothy McCarthy, John Vincent und mich. Crean war Maat und Vincent Nordseefischer. Die anderen hatten in der Royal Navy Reserve oder der Handelsmarine gedient.

Jeden Tag hielt ich sorgfältig nach der Sonne und den Sternen Ausschau, um mein Chronometer zu korrigieren, von dessen Genauigkeit unser Leben und der Erfolg der Reise abhängen würden.

Doch weder Sonne noch Sterne drangen durch die entweder trübgraue oder sturmgetriebene Wolkendecke, die in diesen Breiten unaufhörlich und kläglich den blauen Himmel und das fröhliche Licht der Sonne oder des Mondes zu verhüllen scheint.

Es war Ende April: Der südliche Winter brach über uns herein. Jeden Tag, wenn ich nach der Sonne Ausschau hielt, bestieg ich den vielleicht 50 Meter hohen Felsen nördlich des Lagers, um Menge und Bewegung des Eises zu beobachten, das begann, mit der nordöstlichen Strömung an der Insel vorbeizutreiben. Zerbrochene Schollen und Eisströme – Kundschafter und Vorboten des Geschwaders der Großen Weißen Flotte – hatten sich bereits gezeigt. Wie jedes Jahr durch die Strömung, die sich durch die breite Bransfield Strait schiebt, aus ihrer Eisfestung in der Antarktis herausgetragen, breiteten sie sich im Winter durch die Kanäle der South Shetlands aus und schlossen Clarence Island und Elephant Island für Wochen ein.

Am 22. April lag ein breites Eisband etwa zwei Meilen vor der nördlichen Küste. Bis zum St.-Georgs-Tag, dem 23. April, hatte es sich nach Osten ausgebreitet und drohte die Insel einzuschließen.

An dem Tag stieg Sir Ernest mit mir gemeinsam auf die Felsen, und wir überlegten, wie wir dieses Band durchbrechen könnten. Zu unseren Füßen befand sich ein schmaler Kanal, der uns von einer weiteren kleinen Felsinsel von etwa 60 Metern Höhe trennte. In unserem Rücken, hinter dem Lager, erhoben sich schwarze, unzugängliche Klippen und blau schimmernde, bedrohliche Gletscherfronten. Auf Grund gestoßene Eisberge wiesen auf Untiefen hin, was uns jedoch nicht beunruhigte. Sie kamen uns zugute, weil sie den Fluß des Eisstroms aufbrachen und zwei Lücken entstehen ließen, von denen eine ein vielversprechender Ausweg aus der Eiskette zu sein schien, die diese trostlose Insel einschloß. Im Nordwesten zeigte gelegentlich aufsprudelnde weiße Gischt, wo sich die trügerische Sturzwelle befand: 22 Meilen entfernt, etwa 5 Meilen im Quadrat groß und wohl 10 Meilen vor der Küste.

Alles war bereit, um die *Caird* zu Wasser zu lassen und zu beladen. Greenstreet, fröhlich und lästerlich wie immer, Bakewell und Howe hatten 15 Zentner Kies als Ballast in grob zusammengenähte Segeltuchsäcke gefüllt. Diese wurden mit weiteren 5 Zentnern großen Steinen unmittelbar oberhalb der Hochwassermarke aufgestapelt.

Sir Ernest entschied, daß wir, falls möglich, am nächsten Tag aufbrechen würden. Er gab Wild Instruktionen: Wenn wir bis November, dem Beginn der Walfangsaison auf Deception Island in 140 Meilen Entfernung, nicht zurückkämen, um sie zu erlösen, sollten sie uns verlorengeben. Dann müsse er sich selbst zu dieser Station aufmachen.

Zwei der Männer blieben die ganze Nacht über auf, um Gletschereis über dem Blubber-Ofen zu schmelzen und die beiden Wasserfässer zu füllen. Sie schlugen auch mehrere große Eisblöcke für die erste Zeit unserer Überfahrt heraus und legten sie bereit.

Am Ostermontag, dem 24. April 1916, um 6 Uhr machten sich alle bereit, um zu laden und zu verstauen. Während das Frühstück bereitet wurde, wurde die *James Caird* nahe ans Ufer gezogen, bereit, zu Wasser gelassen zu werden. Die kleineren Boote wurden klargemacht, um Ballast und Vorräte zur Caird zu transportieren, sobald sie im Wasser lag.

Lebensmittelvorräte für 30 Tage, Wasser und Öl sowie Spiritus für den Primuskocher wurden bereitgelegt, ebenso wie eine Büchse fast schwarzen Robbenöls, unsere sechs Schlafsäcke und ein Beutel mit Ersatzkleidung. Bootsstiefel und Ölzeug waren nicht mehr vorhanden. Sie waren schon lange vorher abgetragen, in Stücke geschnitten oder für andere Zwecke verwendet worden.

Unmittelbar nach dem Frühstück war die Sonne so freundlich, sich zu zeigen. Es war der erste sonnige Tag mit einem Horizont, der klar genug war, um eine Peilung für die Einstellung meines Chronometers zuzulassen.*

Freudig begrüßte ich die Sonne, denn ohne sie wäre es noch gefährlicher und schwieriger gewesen, South Georgia zu erreichen.

Nachdem ich die Peilung vorgenommen hatte, stieg ich auf unseren Aussichtshügel hinauf, um einen letzten Blick auf das Eis zu werfen. Es hatte sich bis fünf oder sechs Meilen von der Küste fortbewegt und trieb mit Wind und Strömung nach Nordosten. Die Lücke hatte sich nicht geschlossen. Alles schien vielversprechend für unseren Aufbruch. Das Wetter war klar, zeitweise schien die Sonne, und es wehte ein mäßiger Wind aus Westen.

Die lang auslaufende und stetige westliche Dünung hatte sich in ein sanftes Wogen verwandelt, welches um unseren felsigen Aussichtspunkt herumlief und in der östlich gelegenen Bucht für recht sanfte Wellen sorgte, wo noch die ganze vorangegangene Woche lang schwere Brandung gewütet hatte.

Bis 9 Uhr hatte sich die Brandung wieder etwas verstärkt. Wir warteten etwa eine Stunde. Als aber keine Besserung eintrat, machten sich alle daran, die *Caird* zu Wasser zu lassen. Als sie aufs Wasser traf, wurde sie von einer großen Welle erfaßt und kenterte fast, wobei McNeish und Vincent ins Meer geschleudert wurden. Ich hielt ihnen nacheinander ein Ruder hin und schob sie an den Strand in Sicherheit. Dann konzentrierten McCarthy und ich uns darauf, das Boot zu verankern. Als dies geschehen war, kroch ich unter die Abdeckung, um herauszufinden, warum das Boot zur Hälfte voll Wasser gelaufen war. Der Ablaßpfropfen war herausgeschlagen worden, wahr-

---

* Anm. d. Autors: Dieses englische Chronometer, ein hervorragendes Gerät der Firma Smith, war das einzige der anfänglich 24, welches die Expedition voll funktionsfähig überlebte.

scheinlich während das Boot über die Felsen gezogen wurde. Durch diese Öffnung strömte das Wasser herein. Im Halbdunkel konnte ich den Pfropfen nicht finden und nahm daher einen Teil meines wertvollen persönlichen Besitzes – ein klägliches Überbleibsel der Zivilisation –, ein »weißes« Taschentuch, das mittlerweile abstoßend dunkel und schmutzig war, wickelte es um einen Marlspieker und stieß diesen in die Öffnung. Dort hielt ich es fest, bis McCarthy herunterkommen und beim Ausschöpfen helfen konnte. Danach fanden wir den Pfropfen schnell, stießen ihn sehr fest in die Öffnung und glaubten, nun sei alles wieder in Ordnung.

Nachdem wir das restliche Wasser herausgeschöpft hatten, verstauten wir die eine Tonne Ballast, die von den beiden anderen Booten herangebracht wurde, auf dem Boden des Bootes. Es waren ungefähr fünf Zentner zuviel. Diese Überlast führte dazu, daß die *Caird* langsam und schwer manövrierbar wurde und zu plötzlichen, unkontrollierten Bewegungen neigte. Wir wurden während der gesamten Passage ständig naß, was viel unnötiges Elend verursachte. Ich äußerte Sir Ernest gegenüber deutlich meine Bedenken, aber andere Meinungen setzten sich durch. Sir Ernest wußte nur zu gut, wie sich zu wenig Ballast auswirkte. Jetzt verfiel er in das andere Extrem.

Endlich war der Ballast in der düsteren kleinen Höhle verstaut, die Arbeit war unangenehm. Jetzt wurden die Vorräte herbeigeschafft und untergebracht. Als nächstes wurden unsere Schlafsäcke, die Ersatzkleidung, die Ruder, mein Sextant und die Logbücher hereingereicht, anschließend die beiden Wasserbehälter und die Eisblöcke. Unglücklicherweise schlug einer der beiden Behälter leck, als er durch die stärker werdenden Wellen gezogen wurde. Seewasser konnte eindringen, sich mit dem Süßwasser vermischen und es, wie wir zu unserem Leidwesen später feststellten, teilweise unbrauchbar machen.

Die anderen Boote gingen längsseits, um ihren Inhalt zu uns herüberzureichen. Die vertrauten Freunde, die wir nun zurücklassen mußten, gaben uns Scherze, Nekkereien und gute Wünsche mit auf den Weg. Viele rieten mir, ich solle mich nicht überfressen und mich bei Erreichen der Zivilisation tadellos benehmen. Was Crean betrifft, so erhielt er Ratschläge, die ihn eigentlich zum Erröten hätten bringen sollen; aber eher würde ein Metzgerhund einen Knochen fallen lassen, als daß Crean rot wurde.

Nachdem er Wild einige letzte Instruktionen gegeben hatte, kam Sir Ernest an Bord.

Ein letztes Händeschütteln, und wir setzten die Segel, lösten die Leinen und brachen auf.

Abschiedsrufe und Winken aus den anderen Booten und vom Strand erwiderten wir nach Kräften.

Es war eine halbe Stunde nach Mittag. Ich steuerte nach Norden auf das offene Meer zu. Endlich ging es los. Die Sonne schien, die Wasseroberfläche glänzte, ein frischer Wind blies, und unsere Stimmung hätte besser kaum sein können.

Hinter uns lag Elephant Island, mit majestätisch glitzernden, schneebedeckten Gipfeln und Hochebenen, davor riesige Gletscherwände und hochaufragende Klippen. Im Osten erschienen Cornwallis Island und Clarence Island, zwei wunderschöne, friedliche und imposante jungfräuliche Inseln mit malvenfarbigen Kränzen und Schleiern dunstiger Wolken um ihre Häupter. Um uns herum waren Scharen von Pinguinen und einige Robben, was uns insofern beruhigte, als die Zurückgebliebenen genug Nahrung finden würden. Wir fühlten uns deutlich erleichtert.

Unsere Geschwindigkeit betrug nahezu drei Knoten. Wir krängten ein wenig nach Luv, und sobald wir vom Land weg waren, brachen die ersten Wellen über uns herein und durchnäßten uns, da wir kein Ölzeug und keine Stiefel mehr hatten. Dies war unsere Taufe – der Beginn unserer Wasserfolter.

Zwei Stunden später erreichten wir den Eisstrom, den wir von unserem Aussichtshügel aus gesehen hatten. Wir segelten an Eisbergen vorbei, von denen einige auf Grund gelaufen waren. Nach Osten gewandt, segelten wir auf der Suche nach der rettenden Lücke vor dem Wind an einem endlosen Strom zerbrochenen Packeises entlang.

Große Stücke und Blöcke alter Eisschollen, die zu allen erdenklichen grotesken und seltsamen Formen verwittert, zerbrochen und geschmolzen waren, wogten, beugten und neigten sich drängelnd in der langlaufenden westlichen Dünung.

Sie hoben und senkten sich auf der wogenden See, zogen sich trügerisch auseinander, nur um dann mit einer Wucht wieder zusammenzuschlagen, die unser kleines Boot leicht hätte zerdrücken können. Burgen, Türme, ja ganze Kathedralen wankten um uns herum. Kleine Stücke trieben zusammen und rasselten am Boot entlang. Seltsam geformte Schwäne pickten mit den Schnäbeln an unseren Planken, eine Gondel mit einer Giraffe als Gondoliere nahm uns die Vorfahrt, was eine Ente amüsierte, die auf dem Kopf eines Krokodils saß. Genau in diesem Augenblick lehnte sich ein Bär über das Dach einer Moschee und zerriß fast unser Segel. Ein Elefant, kurz vor dem Sprung von einem Schweizer Chalet auf das Deck eines Schlachtschiffs, nahm davon überhaupt keine Notiz. Aber eine Hyäne, die einen Löwenzahn mit sich trug, kicherte so sehr, daß sie ins Meer fiel, wo ein Seemannsstiefel und drei echte Pinguine gemächlich durch einen wunderschönen Torbogen am Rande einer Eisscholle trieben, die übersät war mit den Ruinen einer wunderschönen weißen Stadt. Sie war umgeben von riesigen Pilzen mit dicken Stämmen, die beäugten, was dort los sei. All diese seltsamen, phanta-

stischen Gebilde hoben und senkten sich in majestäti-
schem Rhythmus, begleitet von knisternden, flüsternden
Geräuschen und dem hohlen Echo der dumpf aufschla-
genden Wellen. An der Wasserlinie waren sie von einem
klaren Grün, das sich darunter in ein dunkles, tiefes Blau
verwandelte, und darüber war alles reiner weißer Schnee
und kühle blaue Schatten.

Es ist ausgesprochen faszinierend, Hügel für Hügel
schneebedeckter Eisschollen mit seltsamen, aber wunderschönen Formen auf sich zukommen, dann in den Wellentälern verschwinden und in endloser Abfolge wieder auf-
tauchen zu sehen.

Ein Schlag von einer Stunde brachte uns zu der Lücke,
die nunmehr mit Eisklumpen und Eisstückchen zugesetzt
war. Wir wandten uns nach Norden und segelten ein kleines Stück hindurch, aber als das Eis allzu heftig ans Boot
schlug, zogen wir die Segel ein und ruderten, in verkrampfter Haltung oben auf unserer Ersatz-Decksabdek-
kung sitzend – eine unangenehme Tätigkeit.

Zu unserer großen Erleichterung kamen wir kurz vor
Einbruch der Dunkelheit aus dem Strom heraus und
konnten die Segel setzen. Elephant Island war nur noch
ein schwacher Schatten in unserem Rücken. Bis ungefähr
22 Uhr passierten wir weitere Eisbrocken, und danach
sahen wir nicht ein einziges Stück Eis mehr, bis wir South
Georgia erreichten. Dies war eine angenehme Überraschung. Uns war es ganz recht, unseren hartnäckigen weißen Feind hinter uns gelassen zu haben. Wir ahnten nicht,
daß wir uns noch nach einem Eisklumpen sehnen würden,
um damit unseren Durst zu stillen.

Als wir aus dem Strom herauskamen, drehte der Wind
nach Südost, unserer Steuerbordrichtung. Sir Ernest gab
die kluge Anweisung, daß ich geradewegs nach Norden
halten solle, um dem Eis auszuweichen und in weniger kalte Wetterzonen zu gelangen.

Er schickte die anderen unter Deck, um sich aufzuwärmen und in ihren Schlafsäcken aus Rentierfell ein wenig zu schlafen, während wir scharf nach Eis Ausschau hielten. Ich steuerte; er saß neben mir. Wir schmiegten uns eng aneinander, um uns zu wärmen. Um Mitternacht nahm der Seegang wieder zu, und immer wieder brachen Wellen über uns herein und durchnäßten uns völlig. In dieser kalten und klaren Nacht, mit dem Kreuz des Südens über uns, hielten wir das Boot mit Hilfe der Sterne, die in einer glitzernden Prozession über den Atlantik hin zum Pazifik zogen, in Richtung Norden. Während ich steuerte und er seinen Arm über meine Schulter gelegt hatte, diskutierten wir unsere Pläne und unterhielten uns mit gedämpfter Stimme. Wir rauchten die ganze Nacht über. Er rollte Zigaretten für uns beide, weil dies eine Kunst war, die ich nicht sehr gut beherrschte. Ich erinnere mich oft mit Stolz und Zuneigung an diese Stunden mit diesem großartigen Menschen.

Wir hatten seit 6 Uhr morgens den ganzen Tag über hart gearbeitet, aber Shackleton konnte sich mühelos zwei oder drei Tage oder, falls nötig, noch länger wach halten. »Wir müssen nach Norden, Skipper«, sagte er. Und dann: »Glauben Sie, dieser Südostwind wird anhalten und uns nach Kap Hoorn treiben?« – »Nein«, antwortete ich, »aber es kann sein, daß wir die Falklands erreichen, obwohl es fast sicher ist, daß die westlichen Winde und die Strömung nach Osten uns nach South Georgia zwingen werden.« Dann sagte er: »Wissen Sie, daß ich keine Ahnung vom Segeln habe?« Er lachte. »O.k., Boß, aber ich«, antwortete ich. »Dies ist meine dritte Bootsreise.« Dies verstimmte ihn ein wenig. Er antwortete: »Ich sage nur, daß ich nichts davon verstehe.«

Dies war der Punkt, an dem sich sein Mut am deutlichsten zeigte. Für mich, der ich an die Arbeit im Boot, Landungen in der Brandung und an jede Art von Schiff gewöhnt war, war diese Überfahrt ein Abenteuer – ein zwar unangenehmes und gefährliches, aber immer noch ein Abenteuer. Für ihn, der nach und nach von der Seefahrt abgekommen und vornehmlich zu einem Forscher geworden war, muß es eine weitaus bedrohlichere, vielleicht sogar entsetzliche Erfahrung gewesen sein. Er hätte durchaus auf Elephant Island bleiben können, aber, wie er es ausdrückte: »Für mich niemals die Flagge auf halbmast, niemals ein Zurück.« Er stand immer an vorderster Front, da, wo es am gefährlichsten war.

Immer noch kein Eis. Während der Himmel im Osten blasser wurde, verriet mich mein müder Kopf. Ich ließ ihn sinken und gähnte zweimal. Sir Ernest sagte leicht verärgert: »Sie sind müde. Legen Sie sich hin.« Er steuerte, während ich zwei Stunden lang schlief.

Bei Tagesanbruch entzündete Crean den Primuskocher, und wir frühstückten. Dankbar löffelten wir unseren heißen Hoosh, wobei wir ab und an schauderten, wenn wieder eine Welle ins Boot schwappte und das Wasser durch das Segeltuch unsere Nacken hinunterlief. Nach Hoosh gab es einen Zwieback, vier Stücke Zucker und dann eine Zigarette aus Kautabak, den wir in Seidenpapier einrollten.

Das Schlimmste an unseren Mahlzeiten war, daß wir nicht genug Kopfraum hatten, um aufrecht zu sitzen. Bevor man es nicht selbst ausprobiert hat, kann man sich nicht vorstellen, wie ungemütlich, ja quälend dies ist. Der Oberkörper wird auf den Magen gepreßt, man kann nur mit Schwierigkeiten schlucken, und das Essen scheint gar keinen Platz zu finden. Um die Sache zu erleichtern, stützte man sich erst auf den einen Ellbogen, dann auf den anderen und versuchte, sich auf Steinen und Kisten liegend vorzustellen, man sei ein römischer Kaiser, der sich bei einem epikureischen Festmahl genüßlich zurücklegt.

Wir schoben zwei Wachen: Drei Männer übernahmen

jeweils eine Wache von vier Stunden, während die anderen drei schliefen. Sir Ernest wachte mit Crean und McNeish und ich mit McCarthy und Vincent.

Wir konnten uns kaum bewegen, höchstens krabbeln wie die Kinder. Am Ende unserer Wache krochen wir sofort in unsere Schlafsäcke bzw. die, die gerade von der anderen Wache verlassen worden waren. Wenn wir nämlich versuchten, in unsere eigenen zu gelangen, dann waren diese bisweilen gefroren. Also legten wir sie unter uns auf die Kisten und versuchten, die Unterlage angenehmer zu machen. Die Routine sah so aus: Drei Männer lagen in Schlafsäcken und versuchten zu schlafen, und drei Männer waren »an Deck« – einer steuerte eine Stunde lang, während die anderen, sofern sie nicht pumpten, schöpften oder die Segel bedienten, in unserem »Salon« saßen (der Plicht des Bootes, wo wir alle aßen). Sie rauchten, redeten über das Wetter und darüber, was sie gern essen oder trinken würden, und zwar nicht in prahlerischem Ton, sondern nüchtern und überlegt. Die ganze Zeit über rann Wasser durch das Segeltuch und lief unsere Nacken und Rücken hinunter. Diejenigen, die Wache hatten, saßen so ruhig wie möglich. Nur drei Minuten nachdem eine Welle sie durchnäßt hatte, trieb ihre Körperwärme die Kälte aus den Kleidungsstücken hinaus, auf denen sie saßen. Bewegten sie sich aber nur wenige Zentimeter in die eine oder andere Richtung, dann fühlten sie kalte, nasse Kleidungsstücke. Wenn man eine Weile lang sehr ruhig saß, dann war das Leben lebenswert – man hätte fast schnurren können wie eine Katze! Dann platsch! Eine neue Welle. Das ist des Seemanns Los! Wir wußten, daß es kalt war, hatten jedoch kein Thermometer zur Hand – es hätte nur bewirkt, daß wir noch mehr gefroren hätten. Mein Aneroidbarometer, das uns Auskunft über das zu erwartende Wetter hätte geben können, blieb in seinem Kasten, und wir schauten nie darauf – es hätte uns nur beunruhigt: Wir hatten nur drei Segel, die wir setzen konnten.

Der 25. April – unser zweiter Tag auf hoher See. Bei Tagesanbruch hatten wir 45 Meilen von Elephant Island zurückgelegt. Aber da der Wind von Norden kam, hielten wir nach Westen, weshalb wir bis Mittag nicht vorankamen oder sogar ein wenig zurückgetrieben wurden. Dann drehte der Wind nach West-Südwest und blies in Sturmstärke bei starker nordwestlicher Dünung und hohen Kreuzseen. Dies ist ein nautischer Begriff für zwei Wellen aus unterschiedlichen Richtungen, die infolge zweier Winde aus unterschiedlicher Richtung über- oder ineinanderlaufen. Diese Kreuzseen brachten unsere Schwachpunkte zum Vorschein. Die *Caird* schlingerte mit harten, ruckartigen Bewegungen hin und her, und zwei bis drei Eimer eiskalten Wassers ergossen sich aus jeder Welle über uns. Zahlreiche Pinguine schwammen und sprangen in der Nähe des Bootes im Wasser. Während der Nacht hatten ihre Rufe geklungen wie die Schreie verlorener Seelen.

Ich glaube, alle, abgesehen von McCarthy und mir, waren seekrank. Auch ich fühlte mich sicherlich unwohl. Langsam erholten sich auch die am ärgsten Betroffenen. Ein Eimer Eiswasser den Nacken hinunter kuriert den aufgewühltesten Magen. Zudem bekamen uns Pumpen und Schöpfen gut. Diese Betätigungen ließen uns unser Elend vergessen.

Wir hatten all unsere Vorräte so gut wie möglich auf dem Ballast verstaut. Unsere Schlafsäcke lagen im Bug auf Kisten mit Lebensmitteln, deren scharfe Kanten unangenehm und schmerzhaft in unsere Körper schnitten. Es war eine seltsame Kabine: gut zwei Meter lang, an einem Ende anderthalb Meter breit und am anderen Ende spitz zulaufend. Kaum Platz, um sich aufrecht hinzusetzen, wenn man durch die enge Öffnung zwischen Ballast und Vorräten und der Ruderbank hineingekrochen war. Was für eine Kriecherei! Es wurde zu einem Alptraum. Der erste Teil des Wegs auf Händen und Knien über scharfkantige Steine – gemeine, knubbelige Steine und runde Steine, auf denen man wegrutschte, während zugleich der Ozean aus den Kleidern und den Stiefeln rann. Dann ging es weiter! Man kroch und schlängelte sich auf Brust und Bauch und quetschte sich vorsichtig zwischen Ballast und Ruderbank. Auf halbem Weg stoppte man, um nach Luft zu schnappen – man war erschöpft und fragte sich, ob das Leben überhaupt noch lebenswert sei. Dann aber kam ein leichter Schubs vom Kopf oder von der Schulter des nächsten Mannes ins Hinterteil, und man bewegte sich wieder zögerlich voran. Dieses Kriechen – erschöpfte Männer hinein auf der einen Seite des Mastes, auf der anderen müde Männer wieder »an Deck« – erwies sich als so problematisch, daß Sir Ernest den Befehl übernahm und die Marschordnung vorgab.

Glücklicherweise hatte der Platz im Bug, wenn man ihn einmal erreicht hatte, den Vorteil, daß er nur von den schwersten Brechern durchnäßt wurde, so daß die Schlafsäcke zwei Tage lang nicht völlig naß wurden, und selbst dann konnten wir immer noch ein wenig Wärme erhalten, bevor die nächste besonders schwere Welle kam. Wir wurden nach oben getragen und nach unten geschleudert. Mit dem Bug des Bootes und unseren Körpern peitschten wir die Wellen, jagten über sie hinweg, droschen und stampften auf sie ein. Wir sprangen auf die Wellen, tanzten auf ihnen, flogen hinüber und tauchten in sie hinein. Wir wedelten wie ein Hundeschwanz, schüttelten uns wie eine Fahne im Sturm und machten eine Achterbahnfahrt über Hügel und Täler. Uns tat alles weh.

In kurzer Zeit änderte sich unsere Vorstellung von Größenverhältnissen auf amüsante Weise. Wir betrachteten unser sieben Meter langes Boot als recht groß – sprachen davon, daß wir »nach vorn« oder »nach hinten« gingen, daß die Wache nach unten oder an Deck kam, als ob wir uns in einem Segelschiff von 100 Tonnen befänden. »Wer ist der nächste am Steuerruder?« wurde oft gefragt, wobei wir für den Moment vergaßen, daß unser Boot so klein war, daß wir Ruderjochleinen benutzten, um es zu steuern.

Sir Ernest organisierte den Ablauf, teilte die Vorräte aus und arrangierte die Essenszeiten. Nachts bekamen wir alle vier Stunden heiße Milch – ein heißes Bad oder ein trockenes Bett konnte er leider nicht organisieren! Ich navigierte und steckte den Kurs ab, der gesteuert werden sollte – wenn wir steuern konnten. Nachts war dies meist ein reines Ratespiel. Crean war der Koch, er kochte das Wasser und rührte die Ration hinein, während wir die Rentierhaare herausfischten, die von den Schlafsäcken abgefallen waren.

Wir alle steuerten, refften, holten die Segel ein oder setzten sie und wechselten uns beim Lenzen ab.

Einer mußte die Kupferröhre der Pumpe in eiskaltem Wasser auf dem Boden des Bootes niederhalten, während ein anderer den Schwengel bediente. Der Mann, der die Pumpe hinunterdrückte, mußte viel Kraft aufwenden, damit sie ihm von dem anderen Mann nicht aus den Händen gerissen wurde. Unsere Hände konnten die Pumpe nicht aufwärmen, auch nicht ein wenig, da ständig eiskaltes Wasser hindurchfloß. Die Wellen, die über uns hereinbrachen, mußten alle vier Stunden – oft auch alle zwei Stunden – herausgepumpt werden, und zwischendurch hörten wir das Wasser unter dem Ballast auf sehr beunruhigende Weise plätschern.

Bis zum Einbruch der Dunkelheit hatte sich das Wetter ein wenig gebessert. Das große graue Leichentuch, das für Wochen Gottes Sonnenschein von diesen subantarktischen Gewässern fernhielt, riß auf, zeitweise blitzten die

Sterne hervor, und wir kontrollierten unseren Kurs ein- bis zweimal pro Stunde mit Hilfe des guten alten Antares: des roten Auges im Sternbild Scorpio. Wenn dieses Richtfeuer von den Wolken verhüllt war, dann steuerten wir, indem wir beobachteten, in welche Richtung der Wind das kleine blaue Fähnchen an unserer Mastspitze wehte. Wir hatten keine Ersatzkerzen für den Kompaß – lediglich eine von 15 Zentimeter Länge, die ich für Notfälle, insbesondere für unsere Ankunft an der Küste, aufsparte. In dieser Nacht stand der Mond im letzten Viertel. Gegen Morgen konnten wir ihn kurz sehen – das einzige Mal auf der gesamten Fahrt.

Am dritten Tag blies ein starker Sturm aus West-Südwest Schneeschauer über uns hinweg. Große zerrissene Kumulus- und Nimbuswolken stoben über den Himmel. Schwere Wogen bauten sich an der Backbordseite auf und brachen unablässig über das Boot herein; sie flossen ins Cockpit, rannen in kleinen Wasserfällen durch das Segeltuch und durchnäßten alles. Anschließend waren Streichhölzer und Zucker bis zum Ende der Fahrt die einzigen trockenen Gegenstände an Bord, weil sie in hermetisch verschlossenen Büchsen aufbewahrt wurden.

Ich nahm Peilungen der Sonne vor, um unsere Position zu bestimmen, aber das Boot stampfte, rollte und ruckte so stark, daß ich dies nur tun konnte, wenn ich auf der hinteren Ruderbank kniete und McCarthy und Vincent mich zu beiden Seiten festhielten, damit ich nicht mitsamt dem Sextanten über Bord geworfen wurde. Dieser Sextant war ein Geschenk der Firma Heath an Hudson für den Navigationsoffizier der *Endurance*. Ich fand ihn für die Verwendung im Boot handlicher als meinen eigenen.

Den ganzen Tag über waren Pinguine zu sehen oder zu hören.

Stürmisches Wetter mit viel Schnee. Rollend, stampfend und schwankend quälten wir uns vor den brüllenden graugrünen Seen voran, die sich über uns auftürmten; an ihrer Spitze zischende weiße Sturzwellen, die uns leider dauernd erwischten. Zerschlagen und durchnäßt, ohne Pause, die lang genug gewesen wäre, daß unsere Körper die durchtränkten Kleider hätten aufwärmen können, bei Temperaturen am Gefrierpunkt: Wir ermaßen das Elend und die Beschwerden unseres Abenteuers jetzt zur Fülle.

Wir konnten nur gute Miene zum bösen Spiel machen und es ertragen. Es gab jedoch eine großartige Entschädigung: Wir kamen auf unserem Kurs gut voran.

Geringfügig durch die Strömung unterstützt, legten wir 83 Meilen zurück und waren jetzt 128 Meilen von Elephant Island entfernt. Wie zu erwarten war, waren meine Berechnungen nicht sehr exakt. Wenn es dunkel war, war unser Kurs recht unberechenbar, und die ganze Zeit über arbeitete der eiserne Pumpenschwengel nur wenige Zentimeter vom Kompaß entfernt. Nachdem ich jedoch ein wenig Praxis mit dieser Art der Navigation hatte, erhielt ich einige überraschend genaue Ergebnisse.

Mittags war unsere Position 59° 46' südlicher Breite und 52° 182' westlicher Länge. Ich sagte zu Sir Ernest: »Gott sei Dank, wir haben die Sechziger hinter uns«, aber während der nächsten beiden Tage wurden wir beinahe über den 60. Breitengrad zurückgetrieben.

Nach Mittag drehte der Wind zurück nach Norden, nahm erneut Sturmstärke an und hielt den ganzen vierten Tag über an. Das Wetter war bewölkt und dunstig, durchsetzt mit starken Windböen und Regenschauern. Der Wind kam von vorn: Es war gefährlich, zu weit nach Osten abzufallen, da wir dort auf Eis treffen konnten. Trotz all unserer Bemühungen, uns nach Luv zu halten, schätzte ich, daß wir an derselben Position waren wie am Tag zuvor. Das war sehr entmutigend. Wir waren durchtränkt wie immer durch über uns hereinbrechende Wellen; und nun fehlte auch noch das Gefühl, daß wir vorankamen. Die

Strömung schien in ost-südöstlicher Richtung verlaufen zu sein; dies schlossen wir daraus, daß wir nicht auf Eis trafen, wo wir es erwartet hatten, und daraus, daß wir zwei Wrackteile sahen, die wahrscheinlich von Kap Hoorn herübergetrieben waren.

II

Bisher hatte ich verhindern können, daß die Bücher naß wurden, aber jetzt waren meine Navigationsbücher und das Logbuch in einem beklagenswerten Zustand – durchnäßt, verklebt, unleserlich, und es war fast unmöglich, darin zu schreiben. Es war nicht gerade Papierbrei, aber fast so schlimm, und ich benötigte sehr viel Zeit, sie zu öffnen, ohne sie so zu beschädigen, daß ich keine Chance mehr gehabt hätte, jemals an Land zu navigieren. Navigation ist eine Kunst, aber Worte reichen nicht aus, um meine Bemühungen angemessen zu beschreiben. Koppeln – die Berechnung von Kursen und Distanzen in der Seefahrt – war zu einer Farce, zu einem reinen Ratespiel geworden. Einmal, vielleicht auch zweimal pro Woche war kurz das winterliche Schimmern der Sonne durch sturmzerrissene Wolken zu sehen. Wenn ich darauf eingestellt war und mich beeilte, konnte ich die Chance nutzen. Das Verfahren sah so aus: Ich spähte aus unserer Höhle heraus, den kostbaren Sextanten eng an meine Brust gepreßt, damit kein Wasser darauf geriet. Sir Ernest stand unter dem Segeltuch mit Chronometer, Stift und Logbuch bereit. Ich rief: »Achtung!« und kniete auf der Ruderbank, während zwei Männer mich an beiden Seiten festhielten. Ich brachte die Sonne herunter an den Punkt, wo der Horizont sein sollte, und nahm, während das Boot hektisch auf der Spitze einer

Woge nach oben schnellte, eine vage Schätzung der Höhe vor. Dann rief ich: »Stopp!« Sir Ernest nahm die Zeit, und ich berechnete das Ergebnis. Dann ging der Spaß los! Unsere Finger waren so kalt, daß er seine krummen Kritzeleien übersetzen mußte, und meine eigenen Aufzeichnungen waren so unleserlich, daß ich sie nur dank meines Erinnerungsvermögens erkennen konnte. Drei Monate später konnte ich nur noch die Hälfte davon lesen. Meine Navigationsbücher mußten halb geöffnet werden, Seite für Seite, bis die richtige erreicht war. Dann wurde diese vorsichtig ganz geöffnet, damit nicht alles zerstört wurde. Die Kurzfassung hatte durch das Wasser den Umschlag und die ersten und letzten Seiten eingebüßt, und der nautische Almanach verlor seine Seiten so schnell, daß es zu einem Wettrennen wurde, ob der Monat Mai noch bis South Georgia halten würde. Es reichte gerade noch, aber der April war schon völlig verschwunden.

Ein Teil unserer Segeltuchabdeckung wurde durch einen Brecher fortgerissen. Dies verkürzte unseren »Salon« ein wenig, vergrößerte jedoch andererseits unsere Plicht, so daß es leichter war, unsere Köpfe herauszustrecken und die Aussicht zu genießen.

Am fünften Morgen spürten wir eine leichte nordwestliche Brise, die sich später zu einem starken Westwind bei bewölktem, nebligem Wetter entwickelte. Eine hohe nordwestliche und westliche Dünung sorgte für unablässige starke ruckartige Bewegungen der *Caird*: Rollen, Schwanken oder Stampfen – meist alles zusammen. Den ganzen Tag über brachen Wellen über uns herein und sorgten dafür, daß wir nicht allzu trocken wurden.

Nachmittags legte die Dünung sich und wurde länger – die typische Tiefseedünung dieser Breitengrade. Als Ergebnis westlicher Winde rollt die westliche Dünung des südlichen Ozeans in den stürmischen vierziger und fünfziger Breitengraden unablässig um dieses Ende der Welt herum. Es sind die höchsten, breitesten und längsten Wellen der Welt, und sie rasen auf ihrem Kurs um den Pol herum, bis sie ihren Ausgangspunkt wieder erreichen und, sich auf diese Weise selbst verstärkend, in wilder und arroganter Majestät weiterjagen. In Abständen von 350 bis 1000 Metern, bei gutem Wetter sogar von anderthalb Kilometern, ziehen sie schweigend und imposant vorüber. Vom Wellental bis zur Spitze erreichen sie bei Sturm eine Höhe von 12 bis 15 Metern und wüten in scheinbarer Unordnung. Schnelle Klipper, hoch aufragende und kleine Schiffe werden auf ihren schäumenden, schneeigen Brauen umhergeworfen und von ihren massigen Füßen zertrampelt und zerschmettert. Selbst die größten Linienschiffe sind wie Spielzeug für diese tausend Meilen breiten Leviathans der Tiefe. Sie haben schon viele starke Schiffe ergriffen, zerstoßen und erstickt, die mit Mann und Maus untergingen und nur eine Rettungsboje zurückließen, um ihr Grab zu markieren.

Wenn sie über ihr Ozeanbett rollen, welches stellenweise viele tausend Meter tief ist, stoßen sie von Zeit zu Zeit auf eine Untiefe von wenigen hundert oder weniger Metern – wie die Birdwood Bank nahe Kap Hoorn, die Agulhas beim Stormy Cape und andere. Werden die Wellen an ihrem Fuße durch die Untiefen zurückgehalten, dann bäumen sich die Kronen in wildem Zorn über dieses Hindernis auf, bis ihre Fronten eine nahezu aufrechte Wand grünen stürzenden Wassers bilden, die, wenn sie auf das Deck eines Schiffes hereinbrechen, stählerne Schanzen plattdrücken, starke stählerne Pfosten zerbrechen und Aufbauten oder Rettungsboote wie Eierschalen zerschmettern. Diese Kolosse aus blauem Wasser bewegen sich bei sehr starkem Sturm auf offener See mit einer Geschwindigkeit von bis zu 25 Meilen pro Stunde, treffen sie aber auf Untiefen, dann erreichen die wie verrückt springenden, übereinanderfallenden und vorwärts preschenden Wellenkronen für kurze Zeit eine Geschwindigkeit von vielleicht 50 Meilen oder mehr. Die Wucht von Hunderten Tonnen *festen* Wassers bei dieser Geschwindigkeit kann man sich nur schwerlich vorstellen. Selbst bei weniger seichten Untiefen kann man sehen, wie die Wellen sich aufwerfen, denn der Aufruhr, den diese riesigen Brecher mit sich bringen, reicht zeitweise bis in die Tiefe. Geboren aus dem wilden düsteren Nordwestwind, gepeinigt, durchgekämmt und gegeißelt von den teuflischen, grimmigen Sturmböen ihres Vaters, des Südwestwindes, bleiben diese Giganten in der Regel auf ihrem Kurs nach Osten. Selbst wenn sie der plötzlichen heftigen Attacke des wütenden Südostwindes ausgesetzt sind, bleiben sie unbeirrt auf ihrem Weg, wobei ihre großen Wellenkronen in langen weißen Bändern zurückgeweht werden – wie Mähnen galoppierender weißer Pferde. Ihr südöstlicher Feind mag zwei oder drei Tage lang die Überhand gewinnen und sie scheinbar aufhalten; sie werden jedoch nie völlig gebändigt, denn wenn der Sturm nachläßt, kann man sie immer noch nach Westen ziehen sehen, wenn auch langsam – und wenn der Wind von vorn völlig erstorben ist, dann sieht man, daß sie unbeirrt weiter vorrücken. Sie sind lediglich durch den Tumult des Südostwindes an der Oberfläche versteckt und verhüllt worden.

So bewegten wir uns voran, immer abwechselnd in diesen Wellentälern und auf diesen Kronen. Zunächst halbwegs ruhig – ein Wasserhügel vor uns, ein anderer hinter uns; dann hebt der uns folgende Hügel uns in die Höhe, und das Boot rutscht mit zunehmender Geschwindigkeit den immer steiler werdenden Abhang hinunter, bis wir mit einer plötzlichen Aufwärtsbewegung in der um uns und über uns kochenden See die Krone erreichen und eine eindrucksvolle Aussicht auf ein Panorama dunkelgrauer und tiefblauer Wogen mit weißen Mähnen auf den Spitzen haben. Wenn die Wellenkrone unter uns vorbeizieht, bleibt das Boot scheinbar in der Luft stehen, und die Schwerkraft hält es zurück, bis das nächste Wellental uns erreicht. Und so geht es weiter und weiter *ad nauseam*.

Wenn das Wetter schlecht war, gab es wenig Abwechslung in unseren Gesprächen. Wir unterhielten uns in festen Redewendungen. »Wie ist es?« war die Frage bezüglich des Wetters seitens der ablösenden Wache oder irgendeiner Person von unten an den Steuermann. »Eine höllische Dünung.« »Das Boot steuert sich wie der Fliegende Holländer.« »Acht Glasen.« »Die Sonne kommt raus, Skipper.« »Vorsicht! Ein riesiger Brecher!« »An die Pumpe!!« »Schöpfen!!!« »Refft das Hauptsegel!« »Halte nach Nordosten« »Verfluchte Steine.« »Dies ist also das Schicksal der Verdammten.« »Leben auf der Ozeanwelle. Pah!« »Hoosh!!«

Abends ermittelte ich durch Koppeln unsere Position auf 59° 52' S, 51° 46' W. Wir hatten lediglich 18 Meilen nach Ost-Südost zurückgelegt – eine schlechte Richtung. Wir waren sechs Meilen weiter südlich als vor zwei Tagen. Dies war das Resultat des Sturms von Norden und der Strömung – ein enttäuschendes Resultat.

Der arme Vincent hatte starke Schmerzen und Probleme mit seinen Händen und Füßen. Er schien auf Elephant Island Rheuma bekommen zu haben. Das ständige Durchnäßtwerden half sicherlich nicht. Sir Ernest gab ihm etwas aus dem Medizinkasten – Roßkastanienöl, glaube ich, womit er sich einreiben konnte. Das einzig richtige Mittel wäre trockene Kleidung gewesen, aber das gab es nicht.

Ein Auszug aus meinem Tagebuch:

»Bei jeder Wache pumpen und schöpfen, bei höherem Seegang auch in kürzeren Abständen. Crean geht meisterhaft mit dem Primuskocher um, er ist unser Küchenchef; aber es sind drei von uns erforderlich, um den Kocher trotz der heftigen Bewegungen des Bootes geradezuhalten. Schlimm ist, daß der Primuskocher ständig durch Schmutz und Rentierhaare von den Schlafsäcken (die mittlerweile wegen der dauernden Nässe haaren) verstopft wird, und noch schlimmer der Platzmangel. Der Kocher frißt weit mehr Aufmerksamkeit und muß häufiger gereinigt werden, als dies bei einer Schlittenexpedition der Fall wäre.«

Die Prozedur verlief folgendermaßen: Crean reinigte den Primuskocher und stützte seinen Rücken an einer Seite des Bootes ab, während ich dasselbe auf der anderen Seite tat. Dann streckten wir unsere Beine gegeneinander aus, bis wir den Kocher zwischen unseren Füßen einklemmen konnten. Wo meine Beine zu kurz waren, machten die langen Beine von Crean dies wett. Auf diese Weise hielten wir den Kocher unten fest. Es wäre schwerer gewesen, uns und diesen Kocher von dem Platz zu entfernen als die Kletten in Whitehall oder angekettete Kriegsdienstgegner während eines Krieges. Meine unwürdigen Hände hielten den Aluminiumtopf, der unser heiliges Hoosh aufnehmen würde, und meine Pflicht als Küchenjunge bestand darin, diesen schnell, aber ehrfurchtsvoll hochzuheben, wann immer das Boot eine noch wildere Bewegung machte als normal, und so zu verhindern, daß der wertvolle Inhalt in die Bilge oder auf die Flamme des Kochers verschüttet wurde. Auf Anweisung von Crean, dem Hohepriester der Kochkunst und Bewahrer der heiligen Flamme, bröckelte McCarthy Eisstücke in den Topf. Wenn diese geschmolzen waren, brach und rührte Crean selbst unsere Rationen hinein – ein halbes Pfund pro Mann. Alle Augen – mit Ausnahme derer des Steuermanns – klebten am Topf; das Eßgeschirr und die Löffel waren bereit. Sobald der Brei kochte, rief Crean »Hoosh!« und blies die Flamme des Kochers aus. Die Näpfe streckten sich ihm entgegen, und Crean füllte einen nach dem anderen schnell, aber vorsichtig. Wir verschlangen das Essen brennend heiß und hatten unsere Münder, Rachen und Mägen daran gewöhnt, sich damit abzufinden. Auf diese Weise konnten wir spüren, wie die glorreiche Wärme durch unsere unterkühlten tauben Körper und Glieder rann und uns mit neuem Leben erfüllte. Der erste, der fertig war, sprang nach draußen und löste den Steuermann ab, damit dieser seine Ration verzehren konnte, während sie noch heiß war.

Sir Ernest sorgte dafür, daß jeder soviel bekam, wie er wollte, und teilte nach diesem Kurs meist ein Viertelpfund Streimers Müsli, einen großen Zwieback und vier Stücke Zucker aus. Es war sein Grundsatz, die Kälte und ständige Nässe durch ausreichend warmes Essen zu bekämpfen.

Ungefähr zu dieser Zeit wurde Sir Ernest von Rheuma geplagt und hatte zeitweise starke Schmerzen. Es war hart, solch schmerzhafte Beschwerden noch zusätzlich zu den sonstigen Plagen dieser Überfahrt zu ertragen. Aber er trug es wie gewohnt mit Fassung, beschwerte sich nie, kümmerte sich genauso um das Wohlergehen der Männer wie sonst auch und lächelte sogar noch über Scherze. Glücklicherweise legte sich die Rheumaattacke nach etwa vier Tagen.

Mittlerweile waren wir zunehmend schmutziger geworden: Unsere Gesichter – ebenso wie unsere Hände – waren nahezu schwarz von Tran und Ruß. Ich erinnere mich daran, daß einmal, als ich den Topf hielt und Crean beim Rühren zusah, ich ihn innehalten und in den Brei starren sah. Ich begann vor Unruhe fast zu zittern! Im nächsten Augenblick schoß eine schmierige schwarze Tatze hervor, ergriff eine Handvoll Rentierhaare aus dem Brei, drückte diese aus, damit nichts verschwendet wurde, und warf sie dann fort. Ein wenig Schmutz machte uns nichts aus, aber Rentierhaare waren uns zuviel.

Am sechsten Tag toste ein Sturm aus West-Südwest. Es war wolkig und dunstig. Hohe unruhige See. Das Boot stampfte, rollte und ruckte stark, und die Wellen schlugen wie gewöhnlich hinein, aber wir legten großartige 92 Meilen auf einem nordöstlichen Kurs zurück.

Ein schöner Schlag und ein guter Kurs, der uns weit nach Norden und weg von dem kalten Wetter brachte. Seit unserem Aufbruch von Elephant Island hatten wir nun 238 Meilen zurückgelegt, allerdings nicht in gerader Linie. Als ich die Sonne wieder einmal erwischte, konnte ich unsere Position bestimmen: 58° 38' südlicher Breite und 50° 0' westlicher Länge.

Stolz erinnere ich mich daran, daß ich in dieser Nacht die mittlere Wache hatte. Das Boot rollte und stampfte in der Dunkelheit voran; die Männer von Sir Ernests Wache schliefen oder lagen schweigend in ihren nassen Schlafsäkken. Die Männer meiner Wache, McCarthy und Vincent, rauchten und unterhielten sich leise in der schwarzen Höhle unter dem Segeltuchdeck. Sie warteten darauf, daß einer von ihnen mich am Ende der Stunde am Steuer ablösen sollte.

Im Cockpit halb stehend und halb sitzend, steuerte ich, indem ich den Winkel beobachtete, in dem unser Stander sich bewegte. Von Zeit zu Zeit bestätigte ich den Kurs mittels Orientierung an einem Stern, der kurz in einem Riß zwischen den Wolken aufblitzte. Dunkle Wasserwände erhoben sich plötzlich und erschreckend vor und hinter uns, an den Kämmen schimmerte blaß die Gischt. Ein Zischen am Bug meldete, daß das Boot eine lange Welle hinabglitt. Dunkel wölbten sich die Segel über mir und vorne, weit nach Lee ausgebaucht. Nur nach der Ausrichtung des Ruderjochs steuernd, damit das Boot nicht in den Wind schoß, gab ich ihm immer dann einen zusätzlichen Zug, wenn ich durch das Brüllen einer brechenden Welle hinter mir aufgeschreckt wurde; so konnte ich verhindern, daß das Wasser über uns hereinbrach. Ich wurde zwar immer wieder völlig durchnäßt, aber es lag eine gewisse Faszination darin, das Boot auf Kurs zu halten und mein Bestes zu tun, gegen die Elemente anzukämpfen und es an seinen Zielort zu bringen.

Am Sonntag, dem letzten Apriltag, blies ein heftiger Wind aus Süd-Südwest. Der Himmel war bedeckt. Mehr noch als der Kompaß sagte uns die Temperatur, daß wir uns weiter südlich befanden.

Wegen der schweren See kam das Boot schlecht voran. Es bewegte sich unkontrolliert und nahm schwere Brecher auf, bis wir mittags gezwungen waren beizudrehen, indem wir den Treibanker am Ende der Fangleine auswarfen. Danach nahm das Boot nur noch wenig Wasser auf.

Dieser Schlag war laut Peilung 78 Meilen lang.

Nachmittags nahmen der Sturm und der Seegang noch zu, und es wurde sehr kalt. Wir zogen die Segel ein und verstauten sie unten in dem schon zuvor beengten Raum, damit sie nicht einfroren und durch das Gewicht des Eises das Boot zum Kentern brachten. Die über das Boot hereinbrechenden Wellen gefroren und hüllten es in eine dicke Eisschicht, aber ohne den Treibanker wären wir noch schlechter dran gewesen.

Wenn man ein Boot bei sehr schlechtem Wetter über Wasser halten will, sind zwei Dinge nahezu unabdingbar notwendig: Öl, um die Wellen zu beruhigen, und ein Treibanker, vor dem man treiben kann. Wir hatten ausreichend Öl, uns im Sturm über einen Tag zu retten – während dieser Überfahrt hatten wir jedoch zehn Tage lang mit stürmischen Witterungsbedingungen zu kämpfen. Ein Treibanker besteht aus einem Stück Segeltuch oder besser: einem Sack, der gut einen Meter lang ist, an der einen Seite eine Öffnung von etwa derselben Größe hat und am anderen Ende eine kleine Öffnung. Vier kurze Leinen an der großen Öffnung werden zu einer Art Ring zusammengespleißt, an dem dann das Schleppseil befestigt wird. Wenn ein Sturm so stark ist, daß das Boot nicht mehr vor ihm laufen kann, dann werden die Segel eingeholt, und man dreht bei, indem man den Treibanker auswirft. Ein Ende des Seils wird am Ankerring befestigt und das andere am Bug des Bootes. Da wir kein anderes Seil hatten, benutzten wir die Fangleine. Dieser Treib- oder Dregganker treibt im Wasser – welches durch die kleine Öffnung hinausströmt – und hält das Boot im Wind und in der Dünung, der besten Position, um den Sturm auszureiten.

Nachmittags sahen wir einige Pinguine, dreihundert Meilen von der Küste entfernt. Ihnen machten Wind und Kälte nichts aus, was uns mit Neid erfüllte. Aus der bitteren Kälte der Windböen schlossen wir, daß sie vom Packeis in nicht allzu weiter Entfernung herüberwehten.

Wir tranken unser schwarzes und übelriechendes Robbenöl, da es sich nicht lohnte, es für einen Tag im Sturm aufzubewahren, und weil die darin enthaltenen Kalorien so wertvoll waren. Dies war eine Frage des Breitengrades – was uns in den Tropen krank gemacht hätte, war hier wie Nektar!

Das Eis an Bord wurde immer dicker, bis wir die vier Ruder aus einem Eishügel ausgraben mußten. Die Ruder setzten so viel Eis an, daß wir gezwungen waren, zwei von ihnen über Bord zu werfen und die anderen beiden an den Seiten des Bootes als Reling zwischen Hauptmast und Besanmast einen halben Meter über dem Deck festzuzurren. Dort setzte sich nur wenig Eis an ihnen fest, und sie waren weniger gefährdet, über Bord zu fallen. Dies war ein schmerzliches Opfer, aber wir konnten die anderen beiden Ruder nicht in der Bilge unterbringen.

Die ganze Nacht über gefroren die sich brechenden Wellen auf dem Boot. Dies hatte allerdings auch einen Vorteil: Das Wasser floß nicht mehr durch die Ritzen im Deck und rann unsere Nacken hinunter, aber wir mußten nach wie vor häufig pumpen und schöpfen.

Am achten Tag hielt sich der Sturm unverändert den ganzen Tag über aus Süd-Südwest, bei sehr schwerem, äußerst unruhigem Seegang. Es war unmöglich zu schreiben, und sei es nur einige kurze Notizen. Diese wären wegen der heftigen ruckartigen Bewegungen der *Caird* unleserlich gewesen – auf jeden Fall aber nicht druckreif. Das Boot war an der Außenseite stark vereist, und auch innen hatte sich eine dicke Eisschicht gebildet.

Sir Ernest ließ den Primuskocher Tag und Nacht brennen, solange wir die Dämpfe aushalten konnten; wenn es uns zuviel wurde, wurde er für eine Stunde abgestellt. Dies und ein großzügig bemessener Topf heißer, lebenspendender Milch alle vier Stunden bei Wachablösung sorgten dafür, daß keiner der Männer krank wurde.

Unsere gesamte Ausrüstung war durch und durch naß. Die Schlafsäcke stanken widerlich nach saurem Brot, sie waren kurz davor, in Gärung überzugehen. Ich glaube sogar, daß eine gewisse Gärung bereits eingesetzt hatte und verhinderte, daß wir im Schlaf – wenn es denn Schlaf war – die Kälte ganz so grimmig spürten.

Wir alle rochen ebensosehr bzw. ebenso schlimm wie unsere Schlafsäcke. Wir sehnten uns nach einem heißen Bad oder warmer, trockener Kleidung.

1. Mai. Das Eis an Bord wurde so dick und schwer, daß das Boot sehr tief im Wasser lag und zu kentern drohte. Es mußte etwas unternommen werden, und zwar schnell; also krochen wir abwechselnd mit einer Axt hinaus und schlugen das Eis ab. Was für eine Arbeit! Das Boot hüpfte und schlug aus wie ein wildgewordenes Maultier; es war mit einer mehr als 30 Zentimeter dicken Eisschicht bedeckt, der wie ein Schildkrötenpanzer wirkte; und darauf blieb Matsch liegen, wenn die letzte Welle gefror. Zuerst schlug man einen Halt für die Hand ins Eis, dann einen für die Knie, bevor man hastig, aber vorsichtig das Eis abschlug, wobei immer wieder eine Welle über einen hineinbrach. Nach vier oder fünf Minuten – wenn man genug hatte oder steif gefroren war – schlüpfte man zurück unter Deck und der nächste übernahm. Es galt: »Eine Hand für dich selbst und eine fürs Boot«, denn wenn ein Mann über Bord

gegangen wäre, dann hätte dies sein sofortiges Ende bedeutet. Schließlich bekamen wir einen Großteil des Eises ab und gaben uns zufrieden. Die ganze Nacht über setzte sich der schwere Sturm aus Süd-Südwest fort.

Der neunte Tag. Vormittags wurde die *Caird* von einer schweren See getroffen. Sie fiel fast sofort ab, bis sie quer zu den Wellen lag. Auf der Fangleine am Bug hatte sich eine dicke Eiskruste gebildet. Sie war für uns unerreichbar, so daß wir das Eis nicht abschlagen konnten. Sie schwang hin und her und drehte sich immer wieder, bis sie die Fangleine durchsägt und durchscheuert hatte. So verloren wir sowohl die Fangleine als auch den Dregganker – ein doppeltes Unglück. Wir schlugen das Eis von der Fock, refften sie und setzten sie am Hauptmast.

Ungefähr um 11 Uhr hatte sich der Sturm so weit gelegt, daß wir das gereffte Groß und die Fock setzen und taumelnd vor Wind und Wellen segeln konnten.

Dieser heftige, kalte Sturm hatte sich an seinem Höhepunkt 48 Stunden lang gehalten. Während dieser Zeit mußten wir nicht weniger als dreimal – davon einmal in der finsteren Nacht – auf das »Deck« des Bootes kriechen, um das Eis abzuschlagen oder wenigstens anzukratzen. Wir waren uns alle einig, daß dies die schlimmste Arbeit war, die wir in unserem ganzen Leben auf uns genommen hatten.

Ich schätzte die Drift dieses Tages auf 36 Meilen – 66 Meilen in Richtung Nordost während der Zeit, die wir beigedreht hatten. Das Boot machte dieselben Mätzchen wie zuvor. Die Peilungsdaten wurden eins nach dem anderen durch Abstechen mit dem Bleistift genommen, wann immer sich eine Gelegenheit bot. Ich ging so ökonomisch wie möglich vor und reduzierte die Anzahl der Peilungen auf 25. Es war unmöglich zu schreiben – vielleicht sollte ich eher sagen, daß es unmöglich war, sich dazu zu zwingen, es zu versuchen.

Die Schlafsäcke aus Rentierfell waren mittlerweile in einem so erbärmlichen Zustand, daß wir, wenn wir unsere Wache beendet hatten und es Zeit war, sich zur Ruhe zu legen, ernsthafte Zweifel hatten, ob es sich überhaupt lohnte hineinzukriechen. Der Gestank fauligen Leders, das permanent aufgeweicht und in dem ständig geschlafen wurde, war entsetzlich. Zunächst zog man sich aus; das heißt man zog die Stiefel aus, warf eine Ecke des Schlafsacks auf und stieß schnell seine Beine hinein. Es fühlte sich an, als geriete man zwischen gefrorenes rohes Leder – und das war es ja auch. Zwei Minuten lang schlug man seine Füße heftig zusammen, um sie und den Schlafsack aufzuwärmen, und dann schlüpfte man bis zur Taille hinein. Wieder trat man mit den Füßen und schlug die Knie aneinander, und dann nahm man sich ein Herz und schlüpfte mit einer plötzlichen Bewegung ganz hinein. Am Anfang, während man die Füße zusammenschlug, fühlte es sich an wie ein Kühlhaus, dann begann es aufzutauen, und man wünschte, das wäre nicht so – es stank unglaublich, und die abfallenden Haare drangen in Augen, Mund und Nase. Hustend, niesend und würgend schlug man so seine Füße heftig zusammen, bis genug Wärme vorhanden war, um vielleicht eine Stunde lang zu schlafen. Wenn man aufwachte, strampelte man erneut, bis man einschlief, und so weiter.

Nach dem Sturm waren die Schlafsäcke in einem so hoffnungslosen Zustand – matschige, schleimige Gebilde –, und sie wogen so schwer, daß Sir Ernest die beiden schlechtesten über Bord werfen ließ.

Den ganzen Tag und die Nacht hindurch hielten wir uns auf unserem Zickzackkurs vor dem Sturm.

Wenn man ein kleines Boot vor einem starken Sturm steuert, dann darf man nicht zurückschauen – das kann einen aus der Fassung bringen. Man muß eine Wolke oder eine Welle vor dem Boot fest in den Blick nehmen und das

Boot geradehalten – soweit man kann. Wenn man ein Geräusch wie das eines wütenden Bullen mit nassen Nüstern hinter sich herandonnern hört, dann muß man seinen Kopf zwischen die Schultern nehmen, bis die Welle über einen schlägt, und dann schreien: »Pumpen und schöpfen!« Eigentlich ist das gar nicht notwendig, weil alle schon kräftig dabei sind, aber zumindest zeigt es deutlich, daß man noch am Leben ist.

Ein großartiger Fund war zu verzeichnen: ein kleines Stück Kerze im Sockel der Kompaßlampe. Nachts zündete ich es an, ließ ein paar Tropfen Wachs auf das Kompaßglas fallen und befestigte sie so ein wenig rechts von der Mitte des Kompasses entfernt. Von da an zündeten wir einmal pro Wache ein Streichholz an, um zu rauchen und den Kerzenstummel für ein paar Minuten brennen zu lassen. Durch unsere Hände geschützt, ermöglichte dessen flakkerndes Licht dem Steuermann, den Kurs zu korrigieren und ihn anhand der Wellen, des Windes und des flatternden Standers abzugleichen. Wir mußten die Kerze nicht ausblasen, dafür sorgte der Wind, und dann war wieder alles dunkel, mit Ausnahme der schwach glimmernden Pfeife von Tom Crean oder McCarthy. Ungefähr zu dieser Zeit zerbrach das Kompaßglas. Wir reparierten es mit einem Streifen Pflaster aus dem Medizinkasten.

Nach meinem stillen Erfolg am Steuer während der mittleren Wache, als es besonders kalt und naß war, fror ich in der gekrümmten Position nahezu ein. Die Männer trugen mich nach drinnen, massierten mich und streckten mich wie ein Taschenmesser aus, bevor ich in einen Schlafsack kriechen konnte.

In mein Navigationsbuch kritzelte ich folgende Bemerkungen: »Schlafsäcke und Rentierstiefel modern schnell – überall ›Federn‹ – am schlimmsten im Hoosh. Meine Stiefel sind bereits ziemlich kahl. Wir leiden alle unter oberflächlichen Erfrierungen an den Füßen. McCarthy ist der unverwüstlichste Optimist, den ich je kennengelernt habe. Als ich ihn am Steuer ablöste, bei vereistem Boot und Wellen, die unsere Nacken herunterrannen, brach eine Welle unmittelbar über uns herein, und ich konnte gerade noch einen Fluch zurückhalten; er jedoch grinste fröhlich: ›Ein schöner Tag, Sir.‹ Bis dahin hatte ich mich ein wenig verbittert gefühlt, aber dies beschämte mich. Seine Fröhlichkeit läßt einen manches gelassener sehen.«

Normalerweise flucht ein Seemann, wenn eine Welle ihn durchnäßt, auf sie und ohne Unterschied auf alles um ihn herum, beginnend mit dem Schiff und dem »Alten« – wenn er außer Hörweite ist; aber auf dieser Fahrt sagten wir nichts, wenn uns eine Welle ins Gesicht schlug. Wir grinsten und ertrugen es. Sir Ernest war der Meinung, daß ein wenig Haltung unser Temperament im Zaum hielte und daß ein wenig Fröhlichkeit uns gegenseitig helfen würde durchzuhalten. Wir alle hielten uns daran, so gut wir konnten, aber McCarthy war ein wahrer Künstler darin.

Nach dem dritten Tag waren unsere Füße und Beine angeschwollen. Weil sie ständig in Meerwasser eingeweicht waren, und das bei Temperaturen, die zeitweise nahe am Gefrierpunkt lagen, und weil sie kaum bewegt wurden, zeigten sie oberflächliche Erfrierungen. Während des letzten Sturms nahmen sie eine blaßweiße Farbe an und verloren an der Hautoberfläche das Gefühl.

Unsere Fußbekleidung bestand aus zwei Paar Jaeger-Wollsocken, selbstgemachten Filzschuhen, die bis zum Knöchel reichten (meine waren von Greenstreet angefertigt worden), und darüber Stiefel aus Rentierfell mit dem Fell nach außen und der Haut nach innen – mittlerweile war außen wie innen nur noch Haut. Wenn unsere Füße unerträglich kalt wurden, dann nahm man die Fußbekleidung ab, spülte die Socken im Meerwasser aus, rubbelte die Füße, wrang die Socken aus und rubbelte die Füße erneut ab, bevor man alles wieder anzog. Dies war die Gelegenheit für einen Spaßvogel. Während man mit den Socken beschäftigt war, stach er mit einer Nadel in die Zehen. Kam keine Reaktion, dann stach er höher und höher in den Fuß und in das Bein, bis das Opfer plötzlich aufsprang, aufschrie oder fluchte, je nach Temperament. Dies geschah nicht aus Spielerei oder unnützer Neugier – es zeigte zugleich, wieweit die Füße und Beine unter den Unbilden der Überfahrt litten.

Um zu verhindern, daß meine Füße noch schlimmer wurden, bewegte ich sie andauernd, indem ich meine Zehen zusammenzog und losließ, bis sie ermüdet waren. Dann wartete ich eine Minute und wackelte erneut, und so weiter. Ich denke, daß ich dadurch meine Füße vor Schlimmerem bewahrt habe.

Um Mitternacht löste Shackleton mich ab. Der Sturm aus Südwest hatte, begleitet von Schneeböen, die vergangenen acht Stunden lang ständig an Stärke zugenommen, und es herrschte eine schwere Kreuzsee, was dazu führte, daß wir sogar noch mehr Wellen ins Boot bekamen als bisher. Gerade bevor er aus dem Segeltuch herauskroch, traf mich eine Welle genau in Gesicht und Oberkörper, während ich im Heck stand und mit der Jochleine auf der Leeseite steuerte, um das Boot aus dem Wind zu halten. Das Wasser floß aus mir heraus, als er mich am Steuer ablöste, und dann brach eine weitere Welle über uns beide herein. »Ziemlich feucht«, sagte er, und wir beide lachten gequält. Ich kroch hinunter in meinen durchnäßten Schlafsack. Trotz der Nässe und Kälte schlief ich sofort ein, aber bald darauf weckte mich etwas. Dann hörte ich Shackleton rufen: »Es klart sich auf, Jungs!« und sofort darauf: »Um Himmels willen, haltet euch fest! Sie trifft uns!« Die weiße Linie am südlichen Horizont, die er für ein Aufklaren des Himmels gehalten hatte, war in Wahrheit die schäumende Krone einer enormen Welle. Ich war gerade dabei, aus

111

dem Schlafsack zu kriechen, als die Welle uns traf. Um uns herum und über uns brüllte das Wasser – es war fast so, als wären wir gesunken. Das Boot schien voll Wasser zu stehen. Wir anderen fünf Männer ergriffen jedes Behältnis, das wir finden konnten, und drückten, schaufelten und schöpften in Todesangst das Wasser heraus. Während Shackleton das Boot im Wind hielt, arbeiteten wir wie Besessene, aber fünf Minuten lang war es unsicher, ob wir Erfolg haben würden oder nicht.

Wir konnten dieses Tempo nicht lange durchhalten; nach und nach ließen wir nach, bis wir merkten, daß wir unser Leben gerettet hatten. Mit Hilfe der kleinen selbstgemachten Pumpe und zwei Schöpfkellen brauchten wir fast eine Stunde, um das Wasser loszuwerden und das Boot in seinen Normalzustand zurückzuversetzen, bei dem nur wenig Wasser durch die Steine und Kiesel in der Bilge schwappte. Die Welle, die uns getroffen hatte, war so plötzlich gekommen und derart riesig, daß ich vermute, daß sie durch einen umstürzenden Eisberg ausgelöst worden war. Wegen der Dunkelheit und im Geheul des Sturms hatten wir nur nichts gesehen oder gehört.

Der zehnte Tag. Morgens ließ der Sturm aus Südwest nach und drehte nach West. Über uns jagten große weiße Kumuluswolken vorüber, und das Wetter klarte auf. Die Sonne zeigte ihr Gesicht durch die Wolken, und ich peilte unsere Position auf 56° 13' S und 45° 38' W. Der letzte Schlag maß 62 Meilen in Richtung Nordost. Seit wir Elephant Island verlassen hatten, hatten wir 444 Meilen zurückgelegt; mehr als die Hälfte der Strecke lag hinter uns, und wir schöpften Hoffnung, daß wir unser Abenteuer erfolgreich beenden könnten.

Nach Mittag drehte der Wind nach Süd-Südost und wurde schwächer. Das Wetter wurde heiter und klar, mit ein paar vorüberziehenden Wolken und herrlichen wärmenden Phasen Sonnenschein, in denen wir schwelgten.

Es war der erste schöne Tag der Überfahrt. Den wenigen hohen Wellen konnten wir ausweichen. Wir krempelten die vier Schlafsäcke um und hängten sie mit unserer Kleidung an Masten, Fall und Takelage und konnten so ihren Zustand von naß nach feucht verändern – eine angenehme Abwechslung. Wir waren eine zerlumpte, übel riechende Crew und wirkten wie Piraten. Es machte uns nichts aus – wir waren glücklich. Bei Sonnenuntergang blies eine kräftige südöstliche Brise bei klarem, aber kaltem Wetter, während wir bei Viertelwind nach Nordosten steuerten.

Unser Fähnchen war nach und nach weggeweht worden, bis es in der Dunkelheit nicht mehr zu sehen war, wodurch es noch schwieriger wurde, das Boot auf Kurs zu halten.

III

Unser elfter Tag war wunderbar – ein
Tag der Gnade. Leichte südöstliche Brisen. Blauer Himmel und vorübertreibende Wolken. Das Meer war recht ruhig, und die große, lange westliche Dünung kreuzte behäbig unseren Kurs. Wir nahmen nur ab und zu eine kleine Welle auf. Wieder hängten wir unsere Sachen nach draußen und konnten sie in einen angenehmen, gemäßigt feuchten Zustand versetzen. In dieser Nacht trugen wir unsere Nasen wirklich sehr hoch, als wir in unsere Schlafsäcke krochen und voller Mitleid an unsere unglücklichen Gefährten auf Elephant Island dachten, obwohl diese wahrscheinlich zur gleichen Zeit Mitleid mit uns hatten.

Am Tag zuvor hatte ich mit Hilfe der Sonne Messungen vorgenommen; ich umarmte den Mast mit einem Arm und schwang mit Sextant und allem anderen vor und zurück um den Mast. An diesem Tag fand ich heraus, daß die beste Methode darin bestand, auf dem Deck sitzend einen Fuß zwischen Mast und Fall einzuklemmen und den anderen gegen die Wanten zu stemmen, dann die Sonne einzufangen, wenn das Boot am höchsten Punkt einer Welle angelangt war, und die Augenhöhe entsprechend zu berücksichtigen. Unsere Position war 55° 31' S und 44° 43' W, ein Schlag von 52 Meilen in Richtung Nordost, 496 Meilen insgesamt.

Aus meinem Navigationsbuch: »Als ich am Primuskocher geholfen habe, habe ich meine Finger am Aluminiumuntersatz des Kochers verbrannt. Auf meine Verrenkungen reagieren die anderen mit brüllendem Gelächter, in das ich nach einiger Zeit einstimmen muß.« Dies war mit Abstand das herzlichste Lachen während der gesamten Überfahrt, und es war zweifelsohne nur möglich, weil wir zwei schöne Tage gehabt hatten. Wir haben noch ein weiteres Mal herzlich gelacht; an den Anlaß kann ich mich jedoch nicht erinnern.

Am zwölften Tag wehte eine starke südöstliche Brise querab zur Steuerbordseite. Das Wetter war klar, aber verhangen und böig bei unruhiger See und südwestlicher Dünung. Erneut nahmen wir Wellen auf. Und wieder war alles durchnäßt.

Ein Priem Tabak hatte sich nach und nach aufgeweicht und sich wieder in seine Originalblätter zurückverwandelt, die vom Wasser nach unten geschwemmt und im Ballast hin und her getrieben wurden. Manchmal verstopften diese Blätter zusammen mit Rentierhaaren die Pumpe. Während Crean und ich uns um den Primuskocher kümmerten, retteten die Männer vom Wasser aufgeweichte Tabakfetzen und legten sie auf den bereits erwähnten Untersatz, um zu trocknen oder zu dörren.

Nach der Mahlzeit wurden die Blätter, die nicht im Hoosh gelandet waren, zerrissen, zerpflückt und mühsam mit Toilettenpapier zu einer Zigarette gedreht. McCarthy oder Vincent zogen dann mit aller Kraft daran, und wenn sie matt glimmte, dann gaben sie sie als besonderen Hochgenuß an Sir Ernest weiter. Dieser wollte die Gefühle der Männer nicht verletzen, nahm behutsam die Zigarette, paffte eine Minute lang und gab sie dann, wenn der edle Spender ihm den Rücken zukehrte, heimlich an Crean weiter, der eine Weile heldenhaft paffte. Selbst für ihn war sie aber oft zu stark und fand so nach und nach ihren Weg wieder zurück zu dem, der sie gedreht hatte, der sie dann mit Genuß zu Ende rauchte.

Die unaufhörliche Kälte und Nässe trug uns viele körperliche Beschwerden ein. Das dauernde Reiben nasser Kleidung hatte unsere Oberschenkel gereizt und entzündet. Eine Qual ging jedoch an uns vorüber: die kleinen »Untermieter«; für Läuse oder Flöhe war es zu naß und zu kalt.

Jener Tag brachte den längsten Schlag der *Caird* innerhalb von 24 Stunden, 96 Meilen nach Nordost; da dieser Wert jedoch nur gekoppelt war, kann es auch ein wenig mehr oder weniger gewesen sein. Wallis Island, am westlichsten Ende South Georgias, lag 155 Meilen nordöstlich von uns. Das erschien uns als recht nah. Unsere Position war 54° 30' S, 42° 36' W.

Der dreizehnte Tag war auch klar, aber bewölkt, mit Wind in Sturmstärke aus Nord bis West und schwerer, unruhiger See. Sie wurde nach Mittag so stark, daß wir gezwungen waren, beizudrehen und die gereffte Fock am Hauptmast zu führen. Seit der Abfahrt von Elephant Island hatte ich nur viermal die Sonne anpeilen können; zweimal davon waren es nur Momentaufnahmen oder eher Schätzungen durch schmale Risse in den Wolken gewesen.

Unsere Hände sahen furchtbar aus. Creans und meine waren, abgesehen davon, daß sie vor Schmutz, Tran und Ruß starrten, noch durch frische Erfrierungen und Verbrennungen durch den Primuskocher verziert. Jede einzelne Erfrierung an einem Finger war durch eine Art Ring gezeichnet, an dem sich die Haut abgelöst hatte. Wir konnten unsere Erfrierungen an den Ringen ablesen, so wie ein Förster das Alter eines Baumes.

Seit dem Tag nach unserer Abfahrt von Elephant Island waren wir immer wieder von Albatrossen, im Flug die majestätischsten Vögel der Welt, und Mollymauks, kleineren Albatrossen, begleitet worden. Diese Vögel, die nur im südlichen Ozean vorkommen, sind nach Süden hin nur bis zum Rand des Packeises zu sehen. Im Norden trifft man sie nur bis zum 30. Grad südlicher Breite an, obwohl ich beide Arten einmal innerhalb des Wendekreises südlich von St. Helena gesehen habe, wohin sie der kalten Strömung gefolgt waren. Zwei Albatrosarten stechen besonders hervor der Wanderalbatros und der Königsalbatros. Der letztere ist ein wenig größer, seine Flügelspannweite beträgt in der Regel von Spitze zu Spitze mehr als drei Meter. Ich habe einen Königsalbatros gesehen, dessen Spannweite sogar gut vier Meter betrug, und im Adelaide Museum ist ein Exemplar zu bewundern, dessen Spannweite mit fast fünf Metern angegeben wird. Albatrosse haben die größte Spannweite aller Vögel der Welt.

An Land unbeholfen, lächerlich anzusehen, wenn er versucht, aus einem ruhigen Meer aufzusteigen, ist der Albatros im Flug ausgenommen elegant und majestätisch. Er jagt mit enormer Geschwindigkeit vor dem Sturm, dreht sich dann abrupt, läßt den Wind auf seinen Bauch drücken und schnellt fast senkrecht nach oben; dann wieder dreht er sich in den Wind, stößt in einem langen, symmetrischen Bogen herab, hebt sich mühelos einige Zentimeter, um der Krone einer brechenden Welle auszuweichen, und paßt seinen Flug an die Wellenhügel und Wellentäler an. Er bietet einen erhabenen Anblick, wenn das weiße Kreuz aus seinem Rücken, den Schultern, dem Hals und dem Rumpf sich gegen das finstere Schwarz einer herankommenden Bö abzeichnet.

Anscheinend ohne Pause folgt er einem Segelschiff Woche für Woche; auch unserem Boot folgte er Tag für Tag. Seine stimmungsvollen Bewegungen faszinierten uns; die Leichtigkeit, mit der er Meile für Meile zurücklegte, erfüllte uns mit Neid. Bei südöstlichem Wind hätte er unsere gesamte Strecke in zehn Stunden zurücklegen können.

Bei einer der wenigen schönen Wachen, die wir hatten, machte Crean Geräusche am Steuer, aus denen wir das irische Volkslied *The Wearing of the Green* herauszuhören glaubten. Eine weitere Serie von Geräuschen verblüffte uns jedoch völlig.

Dann sang ich den Klassiker (McCarthy dachte zumindest, daß es sich um das Original handelte):

She licked him, she kicked him,
She wouldn't let him be;
She welted him, and belted him,
Until he couldn't see.

But McCarthy wasn't hearty;
Now she's got a different party.
She might have licked McCarthy,
But she can't lick me.

Sie schlug ihn, sie trat ihn,
sie ließ ihn nicht in Ruh'.
Sie drosch ihn, sie prügelte ihn,
Seine Augen schwollen zu.

Aber McCarthy konnt' sie nicht halten,
sie sah nach 'nem andern sich um.
McCarthy konnte sie prügeln,
aber mich – prügelt sie nicht.

Den letzten Teil sang ich triumphierend in Richtung McCarthy, aber er zeigte sich unbeeindruckt. Dann sang ich *We're Bound for the Rio Grande*. Niemand beschwerte sich. Es ist erstaunlich, was auf einer Expedition wie dieser aus lange leidenden Männern wird.

Der vierzehnte Tag. Nachdem wir zwölf Stunden lang beigedreht hatten, hielten wir wieder auf das Land zu. Es blies ein mäßiger nord-nordwestlicher Sturm bei hoher See in Richtung Norden. Klar bis zum Tagesanbruch, bewölkte es sich dann, und es bildeten sich Nebelfelder.

Da wir dem Land näher kamen, war es von besonderer Bedeutung, Peilungen zur Positionsbestimmung vornehmen zu können; aber die Sonne sahen wir kaum. Es war dunstig, das Boot hüpfte wie ein Floh, nahm an Bug und Heck Wellen auf, und es gab keinerlei Arm zur Positionsbestimmung mit Hilfe der Sonne. Ich mußte das Zentrum durch Schätzung festlegen. In der Astronomie ist der Arm der Rand der Sonne oder des Mondes. Wenn dieser durch Wolken oder Nebel verschleiert ist, dann kann er nicht genau auf den Horizont heruntergebracht werden. Das Zentrum ist der erforderliche Punkt; wenn also der Arm zu verschwommen ist, dann bringt man das Zentrum des hellen Flecks hinter den Wolken auf den Horizont herunter. Mit etwas Übung und dadurch, daß man eine Reihe von Peilungen vornimmt, kann man einen Durchschnittswert erzielen, der nicht weiter als eine Minute vom tatsächlichen Wert abweicht.

Um 9.45 Uhr war der Arm der Sonne klar, aber es war so dunstig, daß ich mich tief im Boot hielt, um den Horizont näher zu bringen und dadurch ein wenig klarer zu bekommen. Da es so spät und der Horizont so dunstig war, ergab die Peilung des Längengrades ein schlechtes Ergebnis. Mittags war der Arm der Sonne durch dichten Dunst verdeckt, so daß ich das Zentrum anpeilte, um den Breitengrad zu ermitteln. Eine fehlerhafte Peilung des Breitengrades wirft die Peilung des Längengrads über den Haufen, besonders dann, wenn sie wie in diesem Fall zu dicht am Mittag vorgenommen wird. Ich sagte Sir Ernest, daß ich unsere Position nicht auf zehn Meilen genau bestimmen konnte. Daher stimmte er meinem Vorschlag nicht zu, auf das nordwestliche Ende South Georgias zuzuhalten, da er fürchtete, es zu verpassen. Wir steuerten also ein wenig weiter nach Osten, um an der Westküste an Land zu kommen.*

In gewisser Hinsicht war unsere Lage schlechter geworden. In den letzten beiden Tagen hatten wir nur noch brakkiges Wasser aus den eingebauten Tanks trinken können. Dies schien unseren Durst zu verstärken. Wir saugten das Wasser mit Hilfe eines eigens zu diesem Zweck angefertigten Schlauchs von 15 Zentimeter Länge und einem guten Fingerbreit Durchmesser durch das Spundloch. Dann filterten wir es mit einem Stück Verbandsmull, um es von Ablagerungen, Schmutz und Rentierhaaren zu befreien. Ein Zehntelliter pro Tag und Mann war alles, was entbehrt werden konnte. Die heiße Milch abends mußte entfallen, und Hoosh wurde nur noch zweimal am Tag gekocht.

Ich glaube, die anderen litten heftig unter dem Durst; aus irgendeinem Grund machte er mir nicht soviel aus, obwohl ich nichts gegen ein paar Gläser heißen Grog oder eine Kanne Kakao gehabt hätte. Die Situation war inzwischen kritisch. Wären wir vom Land weggetrieben worden oder hätten wir kein Eis gesehen, dann wäre es wohl aus mit uns gewesen, wenn wir nicht einige Seevögel hätten töten können, um deren Blut zu trinken.

Wenn das Wasser knapp wird, dann kann man dies vergleichsweise gut ausgleichen, indem man die Männer mit Meerwasser naß hält. Dies trifft, so denke ich, auf normales oder heißes Klima zu, wo die Haut »trinken« kann, weil die Poren geöffnet sind. Wir waren die ganze Zeit über naß, aber dies schien unseren Durst nicht zu mildern, wahrscheinlich deshalb, weil die Kälte unsere Poren schloß.

---

* Die Walfangstationen South Georgias lagen an der Nordostküste. Shackleton entschied, lieber auf die unbewohnte Südwestküste zuzuhalten, als zu riskieren, die Insel wegen der schlechten Sichtverhältnisse, den vorherrschenden Westwinden und dem Fehlerfaktor von zehn Meilen völlig zu verpassen.

Kurz vor Einbruch der Dunkelheit, 80 Meilen vor der Küste, sahen wir ein Stück Seetang. Wir begrüßten es freudig als Zeichen für Land in der Nähe, obwohl es auch durch eine Strömung von den Shag Rocks, den mythischen Aurorainseln im Westen, hätte hergetrieben worden sein können.

Die ganze Nacht über steuerten wir bei kräftiger nord-nordwestlicher Brise nach Ost-Nordost und verbrannten dabei sorglos einen Großteil unserer wertvollen Kerze. Die Wellen schlugen schnell und unbeirrt über uns herein wie immer, aber wir hatten das glückliche Gefühl, daß unsere schlimmsten Probleme vorbei waren; wir waren fast am Ziel.

Bei Tagesanbruch am fünfzehnten Tag, am 8. Mai, sahen wir einige Stücke von Meerespflanzen. Kaptauben, Albatrosse, Mollyhauks und die Kormorane wurden zahlreicher.

Ich hielt besorgt Ausschau nach der Sonne. Meine Navigation war gezwungenermaßen so außerordentlich grob gewesen, daß wir kaum mit einer guten Landsichtung rechnen konnten. Der Himmel war bewölkt und das Wetter diesig bis neblig, mit einigen kurzen klaren Intervallen. Kreuzseen und eine starke, unstete Dünung ließen uns noch nasser werden als gewöhnlich, aber unterdrückte Freude und eine Art ruhige Aufregung hatte uns gepackt, weil wir auf Land zuhielten und sogar hofften, bei Einbruch der Dunkelheit endlich wieder auf gutem festem Boden zu stehen und herrliches reines Wasser durch unsere ausgetrockneten Kehlen rinnen zu lassen. Wir sprachen davon, wie bald schon wir an den Walfangstationen ankommen würden, wo saubere, trockene Kleidung und saubere trockene Betten auf uns warteten. Arme Toren! Wir hatten keine Ahnung.

Fünfzehn Meilen vor der Küste sahen wir die erste Krähe. Wenn man diese Vögel sieht, dann ist dies eine Garantie dafür, daß man sich höchstens fünfzehn Meilen von Land entfernt befindet, da sie sich kaum je weiter hinauswagen.

Um die Mittagszeit hatte sich der Nebel gelichtet, aber schwere, fransige, tiefe Wolken zogen aus West-Nordwest heran, und wir hatten immer noch kein Land gesichtet.

Zeitweise verdeckten dunstige Böen die Sicht. Einige Flecken Seetang wurden gesichtet; und dann, eine halbe Stunde nach Mittag, rief McCarthy freudig: »Land ahoi«. Da, gerade vor uns, durch einen Riß in den tieftreibenden Wolkenfetzen, sahen unsere glücklichen, aber salzverklebten Augen eine hoch aufragende schwarze Klippe, an den Seiten mit Schnee verziert. Ein Blick, und sie war wieder verschwunden. Wir sahen einander mit fröhlichem, etwas dümmlichem Grinsen an. Wir konnten nur eines denken: »Wir haben es geschafft. Heute abend bekommen wir etwas zu trinken. In einer Woche holen wir unsere Kameraden von Elephant Island ab.«

Das Land, Kap Demidov, die nördliche Landspitze der King Haakon Bay, war zehn Meilen entfernt, als wir es sichteten. Auf wunderbare Weise war die Landsichtung fast korrekt, obgleich wir durch eine nicht ganz perfekte Einstellung meines Chronometers auf Elephant Island ein wenig zurücklagen.

Die Überfahrt von Land zu Land hatte genau 14 Tage gedauert.

Eine Stunde später war die Küste an Backbord und Steuerbord zu sehen. Eine einsame, abschreckende Küste, aber das beunruhigte uns nicht sonderlich.

Während wir uns der Küste näherten, kamen wir knapp nördlich an einem Gebiet mit riesigen Sturzwellen an einer nicht kartierten Untiefe vorbei. Nordländer nennen solche Wellen *blinders*. Vor uns und südlich von uns zeigten sich plötzliche große Fontänen weißer, fürchterlich brüllender Brecher. Dort fand eine Schlacht zwischen der wilden, von Kap Hoorn heranrollenden westlichen Dünung und unkartierten Riffen vor der Küste statt.

Gegen 3 Uhr nachmittags konnten wir kleine Flecken Grün und Bereiche mit bräunlichgelben Grasbüscheln ausmachen, die sich zwischen dem Schnee auf Kap Demidov zeigten.

Sir Ernest hielt es für zu gefährlich, den Kurs beizubehalten, als ich ihm sagte, daß die King Haakon Bay direkt vor uns lag und Wilson Harbour im Norden. Die Bucht ist nach Westen hin offen, und es wäre verrückt gewesen, im Dunkeln, bei schwerer See an einem Strand anzulanden, den wir noch nie gesehen hatten und der nicht vernünftig kartiert war.

Wilson Harbour wäre gut gewesen, aber er lag zu weit gegen den Wind, und gegen die schwere See konnten wir es unmöglich bis dahin schaffen.

Nach einem grellen, stürmisch verwehten Sonnenuntergang drehte der Wind nach West-Südwest und blies in Sturmstärke mit Regen, Schnee, Graupel und Hagel und verstärkte damit unsere Enttäuschung noch.

Auf Steuerbordhalse lagen wir bis Mitternacht seewärts an und drehten dann bei, 18 Meilen vor der Küste.

Die schwere westliche Dünung wurde stärker. Die ganze Nacht über taumelte die *Caird* in sehr gefährlichem, unruhigem und unregelmäßigem Seegang umher, der aus allen Richtungen zugleich auf uns einzustürmen schien, so daß wir manchmal Wellen von zwei Seiten zu gleicher Zeit aufnahmen.

Die ganze Nacht über, selbst als wir mit der gerefften Fock am Hauptmast beigedreht lagen, mußten wir in häufigen Abständen pumpen und schöpfen. Ich hatte den Eindruck, daß das Boot abgesehen von den vielen Wellen, die es aufnahm, auch schwer leckte.

Bei Tagesanbruch am 9. Mai schwammen wir in einer fürchterlich schweren Kreuzsee, und eine besonders kräftige westliche Strömung drückte uns vor dem wütenden westlichen Sturm auf das Land zu. Wir fühlten uns nicht allzu wohl in unserer Haut, da wir wußten, daß die Strömung zusammen mit dem Wind und den Wellen uns in unser Verderben trieb.

Den ganzen Tag über stürmten abwechselnd Regen, Hagel, Graupel und Schnee auf uns ein, und meist war unsere Sicht durch dichte, treibende, diesige Böen verdeckt, welche das Meer in Streifen schäumender Gischt peitschten.

Bis zum Mittag hatte der Sturm die Stärke eines Orkans angenommen, war nach Südwest gedreht und trieb uns noch stärker als zuvor geradewegs auf die felsige Küste zu. Wir dachten die für einen Seemann so verhängnisvollen Worte »eine Leeküste«, wagten aber nicht, sie auszusprechen.

Jedesmal, wenn wir auf eine turmhohe Welle hinaufgehoben wurden, suchten wir besorgt den Horizont auf der Leeseite nach der Brandung eines unbekannten Riffs oder der gefürchteten Küste ab. »Offenes Meer, offenes Meer oder ein anderer Wind!« – so lauteten unsere stillen Gebete.

Koppeln zur Bestimmung unserer Position half uns in diesem Orkan nicht viel, da die Strömungen und Gezeiten an dieser Küste trotz ihrer Geschwindigkeit und Gefährlichkeit noch nicht erfaßt sind. Alles, was wir wußten, war, daß wir auf die Küste zutrieben.

Wir blieben bis 14 Uhr beigedreht, als wir durch einen plötzlichen Riß in den sturmgetriebenen Wolken zwei hohe, gezackte Felsen und eine Reihe von steilen Klippen und Gletscherfronten auf unserer Leeseite entdeckten. Wir wurden im wahrsten Sinne des Wortes an die Küste geblasen, und zwar an den gefährlichsten und unbekanntesten Teil der Küste – den Streifen zwischen King Haakon Bay und Annenkov Island.

Während wir auf das Land zutrieben, schien es, als ob

nur noch drei oder vier der gigantischen Hochseewellen uns von den Klippen der Zerstörung – der Küste des Todes – trennten.

Hätten wir ihn nur genießen können: Vor uns öffnete sich ein großartiger, ehrfurchtgebietender Anblick.

Der Himmel war voller zerrissener tiefliegender Wolkenfetzen, das Meer auf der Windseite wie Brandung an einer flachen Küste – eine einzige brüllende Reihe brechender Wogen nach der anderen, die sich in Gischt und Schaum auflösten, und dazu die heftigen Böen, welche die See aufpeitschten. Die tiefen Wellentäler wurden vom Sturm mit abgerissenen Dunstfetzen gefüllt. Überall war der Ozean mit einem Gazeschleier von Schaum bedeckt, dazwischen Streifen gärender Gischt. Nur die Stellen waren frei, an denen die kochenden weißen Massen brechender Wellen ihre Spuren hinterließen.

Bei jeder Woge trieb das Boot nach oben, bis es vor der donnernden Wut des Orkans krängte; dann fiel es taumelnd in das Wellental, in dem es fast windstill war. Jede Welle trieb uns näher an Land und raste dann mit verstärkter Wut auf die Klippen, Gletscher und Felsen. Es schienen nur noch ein paar Augenblicke zu sein, bis das Boot unter eisigen Hochebenen, großen, schneebedeckten Gipfeln und Klippen, die bis zu den Wolken reichten, auf die Küste donnern würde.

Es war die ehrfurchtgebietendste und gefährlichste Lage, in der jeder von uns jemals gewesen war. Es sah so aus, als wären wir verloren – niemand würde uns retten.

Mit unendlichen Mühen und ständig in der Gefahr, über Bord gespült zu werden, gelang es uns, die gereffte Fock vom Hauptmast einzuholen und vorn anzuschlagen, die gerefften Groß- und Besansegel zu setzen. Mit diesen »großen Taschentüchern« versuchten wir, uns gegen den Wind von Land wegzubewegen, wobei wir nur beten konnten, daß der Mast es aushalten würde.

Das Boot kam in Fahrt, dann, Krach!, stieß es auf eine entgegenkommende Welle, die es von vorn bis hinten, sogar bis zu den Mastspitzen bedeckte. Wir alle pumpten und schöpften um unser Leben; das Boot schien zu stoppen und schoß dann wieder auf eine rasende Wasserwand zu: Krach! Es war, als ob man auf eine Steinwand stieß – eine solche Wucht, daß sich die Bugplanken öffneten und durch jede Fuge Wasser hindurchspritzte, während das Boot zitternd innehielt und dann wieder nach vorn schoß. Der Druck, die Erschütterungen und Schläge waren gewaltig. Jede Minute drohten die Planken zu zerbrechen, und die Fugen am Bug öffneten und schlossen sich bei jeder Welle. Gutes Boot! Wie es das ausgehalten hat, ist ein Wunder, das nur Gottes Gnade zu verdanken ist.

Während einer von uns steuerte, arbeiteten drei an der Pumpe, einer schöpfte mit dem großen Kochtopf, und der sechste stand bereit, um einen der anderen abzulösen. Die Hälfte der Zeit half er mit der kleinen Schöpfkelle beim Schöpfen und reichte, wann immer Gelegenheit war, eine Handvoll Hoosh oder einige halb aufgeweichte Klumpen Zucker herum. Jede Stunde wechselten wir uns ab, um nicht zu sehr zu ermüden.

Als wir auf diese höllische felsige Küste mit den tobenden Brandungswellen blickten, fragten wir uns, an welcher Stelle wohl unser Ende kommen würde.

Ich weiß nicht, was die anderen dachten – ich bedauerte, mein Tagebuch mitgenommen zu haben. Ich war zornig darüber, daß niemand jemals wissen würde, daß wir es überhaupt so weit geschafft hatten.

Immer wieder sagten wir wider besseres Wissen: »Ich denke, wir schaffen es.«

Drei Stunden lang hatten wir unseren Durst fast vergessen und sahen dem Tod geradewegs ins Auge. Wir fühlten jedoch eher ein Frösteln als Furcht, insbesondere in Verbindung mit dem pausenlosen Einstürzen brechender Wellen auf unsere Körper.

Genau in diesem Augenblick wich das Land, das parallel zu unserem Kurs lag und auf das wir getrieben wurden, ein wenig nach Osten zurück, und wir hatten ein wenig mehr offenes Wasser vor uns.

Dann, gerade als es so schien, als könnten wir freikommen, bedrohte uns eine neue Gefahr. Die bergige Spitze von Annenkov Island tauchte bedrohlich nahe an unserer Leeseite auf. Wir hielten auf deren Luvseite zu, aber die Abtrift und die starke Dünung schienen uns an die westliche Spitze der Insel zu werfen. Wir hätten uns fernhalten und auf die Leeseite ausweichen können, wagten dies jedoch angesichts der hereinbrechenden Dunkelheit nicht; abgesehen von den Gefahren der Küste, von der wir jetzt freikamen, war auf der Karte ein acht Meilen langes Riff zwischen Annenkov und South Georgia eingezeichnet. Wir erhaschten einen flüchtigen Blick darauf und auch auf andere, die nicht kartiert waren, und hielten uns weiter in Windrichtung. Unsere Seekarte, die sowieso bestenfalls fehlerhaft war, war durch Wasserflecken nahezu unleserlich geworden und daher ein nur recht zweifelhafter Anhaltspunkt.

Die Dunkelheit brach über sechs Männer in einem Boot herein, das gegen die Wellen schlug; sechs Männer, die ständig damit beschäftigt waren, den Tod aus dem Boot zu schöpfen. Der blasse, schneebedeckte Gipfel schimmerte gespenstisch über uns, darunter schwarze Schatten von Klippen und Felsen, eingerahmt von einer brüllenden Reihe schäumender Brecher – die weißen Pferde des Orkans. Wir stellten uns vor, wie ihre stampfenden Hufe unser zerbrechliches Boot zerschmetterten.

Wir spähten unter das Schothorn des Segels und machten uns gegenseitig Mut – »Das Boot wird es schaffen« –, obwohl wir dies für völlig unmöglich hielten. Die Insel

kam so nahe, daß wir den Kopf in den Nacken legen mußten, um den Gipfel zu erspähen. Einmal befanden wir uns
schon fast in der schäumenden Rückströmung der Brandung; ich glaube, daß irgendein Gezeitenstrudel oder eine
Strömung uns freitrieb.

Meter für Meter taumelten und torkelten wir wie
betrunken an dem gierigen Schlund der felsigen Landspitze vorbei. Wir waren so angespannt, daß wir uns sogar
fürchteten zu sprechen – wir hielten unseren Atem an und
schöpften noch intensiver.

Um 21 Uhr wußten wir, daß wir in Sicherheit waren.
Hoch, fast über unseren Köpfen, drohte der hohe Gipfel
geheimnisvoll in die Dunkelheit. Direkt vor uns griffen die
langen bleichen Finger der Brandung nach uns – drohend,
aber ohnmächtig. Wir fürchteten sie nicht länger. Mit
jeder Minute klang das lärmende Brüllen an der felsigen
Landspitze leiser und weiter entfernt.

Seltsamerweise ließ der Orkan, sobald die schlimmste
Gefahr hinter uns lag, schnell nach. Eine halbe Stunde
später kam der Wind von vorn aus Süd-Südwest.

Wir halsten vor den Wind und steuerten nach Nordwest. Dabei achteten wir darauf, in weitem Bogen an unserem Feind vorbeizukommen.

Neun Stunden lang hatten wir einen Orkan auf dem
Höhepunkt seiner Kraft bekämpft, der so stark war, daß,
wie wir später erfuhren, ein Dampfschiff von 500 Tonnen
auf dem Weg von Buenos Aires nach South Georgia mit
der gesamten Mannschaft darin untergegangen war. Wir
dagegen waren mit Gottes Hilfe in einem sieben Meter
langen Boot durchgekommen. Ich bezweifle, daß irgendeiner von uns jemals einen stärkeren Sturm erlebt hatte als
den zwischen Mittag und 21 Uhr dieses Tages.

Nachdem wir das Boot vom Wasser befreit hatten,
reichte eine Wache, um mit ihm zurechtzukommen und es
über Wasser zu halten. Um Mitternacht krochen drei

Das sinkende Wrack der *Endurance*   (Scott Polar Research Institute)

Frank Hurley und Sir Ernest Shackleton im Ocean Camp

Ocean Camp (Scott Polar Research Institute)

Nach sieben Tagen und Nächten in den offenen Booten erreichte Shackletons Crew
endlich Elephant Island (Scott Polar Research Institute)

Die Boote wurden unterhalb der Klippen von Elephant Island an Land gezogen
(Scott Polar Research Institute)

Die erste Mahlzeit auf Elephant Island   (Scott Polar Research Institute)

Oben: Die *James Caird* wird zu Wasser gelassen   (National Library of Australia)

Unten: Die Felsenfestung von Elephant Island. Die öde Küste bietet keinen Schutz vor Stürmen.   (Royal Geographical Society)

Die auf Elephant Island zurückgelassenen Männer versuchten, sich eine Notunterkunft zu graben (Scott Polar Research Institute)

Aus den beiden übriggebliebenen Booten bauten sie sich eine Hütte
(Scott Polar Research Institute)

Die Expeditionsteilnehmer, die auf Elephant Island zurückbleiben mußten
(Scott Polar Research Institute)

Die Männer auf Elephant Island beim Häuten von Robben
(Scott Polar Research Institute)

Die Ankunft des Rettungsschiffes vor der Küste von Elephant Island

(Scott Polar Research Institute)

Gerettet!

(Scott Polar Research Institute)

Männer nach unten, um dreieinhalb Stunden lang zu schlafen. Die anderen drei bekamen ihren Schlaf während der Morgenwache vor Sonnenaufgang. Nun hatten wir Zeit festzustellen, wie stark unser Durst war. Das Wasser war ausgegangen, und unsere Münder und Zungen waren so trocken und geschwollen, daß wir nur ein paar Brocken Nahrung kauen konnten.

Bei Tagesanbruch nahmen wir alle Reffs heraus, und die *Caird* tat ihr Bestes, uns vor Einsetzen eines neuen Sturms in den Schutz der nächsten guten Bucht im Norden zu bringen – und zu Trinkwasser. Der Wind drehte nach Nordwest und ließ nach, so daß wir auf die King Haakon Bay zuhalten mußten, deren Einfahrt neun Meilen vor uns lag.

Manchmal schien die Sonne auf das schneebedeckte Land und tiefblaue majestätische Wellen, die sich an den Untiefen brachen. Sie bliesen ihre weißen Warnsignale auf die Riffs und warfen ihre laut brüllenden Kohorten auf die schwarzen Speerspitzen der felsigen Küste. Das Hin und Her dieses Kampfes konnte man noch fünf Meilen von der Küste entfernt hören.

Ein Auszug aus meinem Logbuch: »Alle sehr durstig und brauchen dringend Schlaf. Einige unserer Männer scheinen tatsächlich fast am Ende zu sein. McCarthy, Vincent, Crean und ich wechseln uns an den beiden Rudern ab. Wir sitzen oben auf dem Deck und versuchen, in die Bucht hineinzurudern.«

Das Frühstück war ein übler Scherz. Wir kauten und schluckten mit Mühe eine Handvoll Hoosh von der Größe eines Hühnereis. Als Crean unter der Ruderbank aus seinem Schlafsack kroch, stieß er mit seiner Schulter dagegen. Der Zapfen, der die Masthalterung hielt, mußte sich während des Hurrikans gelöst haben, bis nur noch die Spitze ihn hielt. Die schwache Erschütterung durch Creans Schulter stieß den Zapfen ganz hinaus. Die Halterung öffnete sich, und der Mast begann nach hinten zu fallen, aber McCarthy fing ihn auf, steckte ihn wieder in die Halterung und sicherte diese mit dem Zapfen. Jetzt war dies nur ein unbedeutender Zwischenfall, aber der Zapfen war wahrscheinlich schon die ganze Nacht in dieser gefährlichen Position gewesen. Wäre er während des Orkans herausgefallen, dann wäre der Mast wie eine Mohrrübe geknickt, und nichts auf der Welt hätte uns retten können. Gott hatte sicherlich seine schützende Hand über uns gehalten.

Bald nach dem Frühstück kamen wir an zwei Landspitzen vorüber, die sechs Meilen voneinander entfernt lagen. Um die Mittagszeit konnten wir nördlich von uns zwei große Gletscher sehen, die treibendes Eis versprachen. Eine Zeitlang steuerten wir auf diese Bucht zu; als wir aber sahen, daß es keine geschützte Stelle gab und wir es bis Einbruch der Dunkelheit nicht schaffen würden, nahmen wir wieder Kurs auf die King Haakon Bay.

Mittags hatte der Wind nach Ost gedreht und blies uns geradewegs aus der Bai ins Gesicht. Zugleich trieb uns die Gezeitenströmung in südliche Richtung. Wir holten die Segel ein. Crean und ich ruderten mit den beiden Rudern; wir wurden regelmäßig von Vincent und McCarthy abgelöst, da es angesichts der verkrampften Haltung auf Deck unmöglich war, lange zu rudern. Der Wind war zu stark für uns, und als wir feststellten, daß wir den Brechern unangenehm nahe kamen, setzten wir wieder die Fock, das Groß und das dreimal verfluchte Besansegel und kreuzten so gegen den Wind.

Wir konnten uns nicht dazu überwinden, zu Mittag zu essen. Alles, wonach wir verlangten, war Wasser.

Vier Stunden lang immer wieder Halsen, Halsen und Halsen, bis wir genug davon hatten. Obwohl unser Boot mehr Ballast trug als nötig, kam es gegen den Wind kaum oder gar nicht voran. Erneut holten wir die Ruder heraus, diesmal zur Unterstützung der Segel; dadurch, daß wir nur nach Luv hin ruderten, wirkten wir dem Abtrieb des Bootes entgegen und verhinderten so, daß das Ruderblatt im Heck ständig umschlug. Durch unsere harte Anstrengung kamen wir den seltsamen kastenförmigen Felsen und kleinen Inseln, die zwei Drittel des Eingangs zum Sund wie eine Verteidigungsanlage versperren, nach und nach näher. Wir bemerkten, daß an der Öffnung der Bai eine vergleichsweise niedrige, sanft ansteigende Senke oder ein Sattel lag, der ins Innere der Insel führte. Wir vermuteten, daß wir auf diesem Weg South Georgia zu Fuß würden durchqueren können.

Immer noch kein Eis, mit dem wir unseren Durst hätten stillen können. Der Wind wurde stärker. Es sah so aus, als ob wir in der Dunkelheit erneut aufs Meer hinausgetrieben werden könnten.

Am späten Nachmittag gelangten wir an Flecken und Streifen von Seetang, die sich von der Kette kleiner Felsinseln aus ausdehnten. Im schlimmsten Falle hätten wir das Boot für die Nacht am Seetang festmachen können, indem wir einen Strang der langen, schlüpfrigen Pflanzen nach dem anderen genommen, zusammengelegt und daraus ein recht gutes, widerstandsfähiges Tau geformt hätten. Darwin hat festgestellt, daß Tang bis zu 200 Meter lang werden kann. Ich habe oft Tang gesehen, der 100 bis 120 Meter lang war – mehr als der höchste Baum der Welt.

Der Abend brach herein, und es war offensichtlich, daß wir ohne ein Drehen des Windes unser überladenes Boot nicht in die Bucht manövrieren und in der Nacht anlanden könnten. Dann sahen wir durch die immer dunkler werdende Dämmerung südlich von uns etwas, das aussah wie eine Bucht mit einem möglichen Anlegeplatz hinter einer Landspitze, an der sich die heftigsten Wellen des Ozeans brachen.

Wir umschifften den Eingang zu dieser Bucht windwärts, wendeten dann und liefen etwa 300 Meter vor dem Wind und suchten dabei den felsigen Strand nach einer möglichen Anlegestelle ab. Es gab keine. Wir lagen nun auf der Höhe des Eingangs zur Bucht, legten die Ruder aus, um das Boot zu stabilisieren, luvten auf Backbordhalse und passierten so die Felsen, die vor beiden Landspitzen lagen und nur eine sehr enge Durchfahrt boten, so daß unsere Ruder auf dem Seetang an beiden Seiten Spuren hinterließen.

Dann holten wir die Segel ein und ruderten ungefähr 60 Meter zwischen Klippen von weit über 20 Metern Höhe an beiden Seiten der winzigen Bucht, bis wir an einem Geröllstrand anlandeten. Es war nun schon dunkel.

Als wir das Boot in der Brandung am südwestlichen Ende der Bucht auf den Strand laufen ließen und von Bord sprangen, fielen wir geradezu in Tümpel mit fließendem Wasser. Auf den Knien leckten wir es gierig auf.

Sir Ernest entschied, daß alles aus dem Boot geholt werden müsse, um dieses aus dem Wasser ziehen zu können. Er kletterte etwa drei Meter den Felsen am Fuße der Klippe auf unserer Steuerbordseite hinauf, und ich warf ihm ein Seil zu, mit dem er das Boot sicherte. Weil er durch die lange Zeit in verkrampfter Haltung auf dem Boot steif und ungelenk war, stürzte er dabei ein Stück ab und tat sich weh, zog sich aber glücklicherweise keine ernsthafte Verletzung zu. Dabei schwang das Heck des Bootes gegen die Felsen; das Ruder fiel über Bord und das dieses haltende Taljereep hinterher. In der Dunkelheit ging es verloren.

Angesichts unserer Erschöpfung kam uns die Aufgabe, das Boot zu entladen und die gesamte Ausrüstung zu bergen, fürchterlich mühsam und endlos vor. Ich kann mich noch gut an das Gefühl von Elend und Müdigkeit erinnern, als ich im Wasser und in der Dunkelheit unter dem Segeltuchdeck des Bootes umherkroch, und an die Kälte und Nässe an Händen und Knien, während ich unsere Vorräte an Crean heraufreichte, der sie an Sir Ernest weitergab. Während McCarthy und Vincent alles auf den Strand hochschleppten, außerhalb der Reichweite des Wassers, hielt McNeish das Boot. Dies dauerte bis 20 Uhr, und wir fielen andauernd hin, da unsere Füße geschwollen und betäubt waren und wir uns wegen der mangelnden Bewegung auf dem Boot steif fühlten.

In der Zwischenzeit hatte Sir Ernest den Primuskocher in Gang gesetzt, und wir tranken heiße Milch, die aus Milchpulver und Wasser angerührt war. Dies erfüllte uns mit neuer Lebenskraft, und wir beendeten unsere Arbeit schnell.

Dann endlich konnten wir essen. Während die anderen Hoosh zubereiteten, hielt ich das Boot, indem ich die Fangleine anzog und an einem Felsbrocken befestigte. Trotz aller Bemühungen stieß es in der Brandung so heftig gegen die Felsen – wir waren zu erschöpft, um es herauszuziehen –, daß wir schon damit rechneten, daß es jeden Moment leckschlagen würde. Später stellten wir fest, daß die Planken an einigen Stellen auf die Stärke von Pappe abgescheuert waren.

Nach einer köstlichen Portion kochendheißen Eintopfs, der auf dem Primuskocher zubereitet wurde, ging Crean auf Entdeckungsreise. Er kam über die 70 Meter Felsbrocken zurück, die uns von den Klippen an der anderen Seite der Bucht trennten, und brachte die freudige Nachricht, daß er eine Höhle entdeckt hatte. Man kann sich nur schwer vorstellen, welche Bedeutung dieses Wort für uns hatte. Abgesehen von der unauslöschlichen Vorliebe kleiner Jungen für Höhlen, klang es für uns nach einem großen, trockenen, geräumigen Wohnort mit einem festen Boden – nach der nie endenden Bewegung des Bootes, der Kälte und Nässe und des Schlafens auf den Eisschollen. Es entpuppte sich jedoch lediglich als ein ausgespülter Überhang in der Klippe, an dessen Vorderseite riesige, fünfzehn

Fuß lange Eiszapfen hingen, bereit, einen unvorsichtigen Besucher aufzuspießen. Als wir das sahen, mußten wir Creans Enthusiasmus ein wenig dämpfen; dennoch, für unsere Zwecke reichte es.

Stolpernd und fallend bewegten wir uns vorwärts – unsere Füße waren betäubt und schmerzten dennoch. Sie hatten oberflächliche Erfrierungen, nachdem sie 16 Tage lang in kaltem Meerwasser eingeweicht worden waren. Wir hatten teilweise die Kontrolle über sie verloren und watschelten mit unseren Schlafsäcken und den Kleidungsstücken, die am wenigsten naß waren, den Strand entlang. Wir müssen beklagenswert und elend ausgesehen haben. Mindestens zwei von uns waren völlig erschöpft. Sir Ernest sagte mir später, er sei überzeugt, daß sie gestorben wären, wenn wir noch weitere 24 Stunden mit dem Boot draußen gewesen wären. Dennoch: Wir jammerten nicht, sondern freuten uns matt darauf, endlich wieder auf festem Boden zu schlafen. Wir legten unsere durchnäßten Schlafsäcke auf einem sanft abfallenden Stück trockener Kiesel aus, krochen hinein und schmiegten uns eng aneinander, um etwas Wärme zu bekommen.

Es war 22 Uhr. Sir Ernest übernahm die erste Wache am Boot und hielt dort mit seiner gewohnten Selbstlosigkeit drei anstatt einer Stunde aus. Unmittelbar nachdem er von Crean abgelöst worden war, hörten wir einen Schrei. Wir eilten stolpernd über den Felsstrand und sahen, daß eine besonders große Welle das Boot gehoben und den Felsen, an dem ich es festgemacht hatte, mit sich gerissen hatte. Crean hielt es fest und war schon bis zur Taille in die Brandung gezogen worden. Wir bildeten eine Kette zur Fangleine und schafften es mit einiger Mühe, den Bug des Bootes so weit heranzuziehen, daß wir es halten konnten. Während unserer Bemühungen hatte eine Querströmung uns und das Boot den Strand entlang mit sich gezogen, bis wir nur noch wenige Meter von unserer Höhle entfernt waren.

Das war immerhin schon besser. Es war mittlerweile 2 Uhr, und in dieser Nacht bekamen wir keinen Schlaf mehr.

Drei von uns hielten das Boot, und wenn eine stärkere Welle kam, dann zogen die anderen drei mit uns gegen das zurückfließende Wasser. Wir machten uns heiße Milch, und bei Tagesanbruch gab es kochendheißen Hoosh.

Dann machten wir uns ernsthaft an die Aufgabe, das Boot auf den Strand zu ziehen. Zwar machen die Gezeiten hier nur einen Unterschied von einem Meter, aber bei Flut zogen wir das Boot so weit nach oben, wie wir konnten. Dann bauten wir alles ab, was beweglich war, um es leichter zu machen. Wir hatten nicht genug Seil für einen Seilzug; daher plazierten wir die beiden Masten und den Ersatzmast unter dem Kiel und zogen das Boot auf diesen Rollen nach oben. Felsen, die im Weg waren, behinderten uns, aber bis zum Mittag hatten wir es so weit hoch geschafft, daß wir erleichtert sein konnten. Wir ruhten uns gründlich aus und aßen. Dann zogen wir das Boot weiter auf einen Streifen Kies, wo wir es mit den Masten als Rollen diagonal und im Zickzack die Anhöhe hinaufzogen, bis wir es auf einer Grasnarbe in Sicherheit hatten. Wären wir fit und bei Kräften gewesen, dann hätten wir das Boot innerhalb von einer Stunde harter Arbeit dort hochbekommen; so wie die Dinge standen, brauchten wir von Tagesanbruch bis zur Dunkelheit und waren völlig erschöpft. Sir Ernest hatte entschieden, daß wir es nicht riskieren würden, mit dem Boot um South Georgia herum an die Ostküste zu segeln, weil es in einem so heruntergekommenen Zustand war.

Nach unserer Durchquerung South Georgias schickte Sir Ernest die *James Caird* nach England, und sie landete in Liverpool. Im Frühjahr 1920 brachte ich sie auf einem Frachtwagen, der an einen Personenzug angehängt war, von Liverpool nach London. Mein Freund Commander Stenhouse, der Kapitän von Shackletons anderem Schiff *Aurora*, half mir dabei. Sir Ernest verlieh das Boot dann an das Middlesex Hospital, und Studenten zogen es durch die Straßen Londons, um Geld für das Krankenhaus zu sammeln.

Danach landete es in der Albert Hall, wo Sir Ernest einen Vortrag zugunsten des Krankenhauses hielt. Später half ich ihm dabei, es auf das Dach des Kaufhauses *Selfridge's* zu schaffen, wo für denselben guten Zweck eine kleine Gebühr erhoben wurde, wenn man es besichtigen wollte.

1921, nachdem Sir Ernest das Boot Mr. Rowett geschenkt hatte, wurde es zu dessen Anwesen nach Stant gebracht, wo es im Freien stand, was seinen Zustand in seinem Alter sicherlich nicht zugute kam. Also übergab Mr. Rowett es seiner und Sir Ernests alten Schule Dulwich. 1967 kam die *James Caird* als Schenkung in das National Maritime Museum in Greenwich.

Im Rückblick auf diese große Bootsüberfahrt scheint es sicher, daß, wäre Shackleton nicht gewesen, einige unserer Männer die langen, fürchterlichen Strapazen nicht überlebt hätten. Seine Sorge um seine Männer war so groß, daß sie für harte Kerle manchmal etwas fast Weibliches zu haben schien, an der Grenze der Bemutterung.

Wenn ein Mann mehr als üblich zitterte, dann griff er mit eigener Hand in den Sack mit der Ersatzkleidung, um die am wenigsten nassen Socken für ihn herauszusuchen.

Er schien einen siebten Sinn für jeden seiner Männer zu haben. Wenn er merkte, daß sich bei einem Zeichen der Strapazen zu zeigen begannen, dann gab er heiße Milch in Auftrag; bald schluckten alle das kochendheiße, lebenspendende Getränk zugunsten des einen Mannes, für den es gedacht war, ohne ihn zu beschämen.

Die ganze Zeit über gab er den Männern das Gefühl, daß er, selbst wenn alles noch schlimmer würde, irgendeine Möglichkeit finden würde, ihre Strapazen zu erleichtern.

TEIL 3

Zu Fuß durch South Georgia

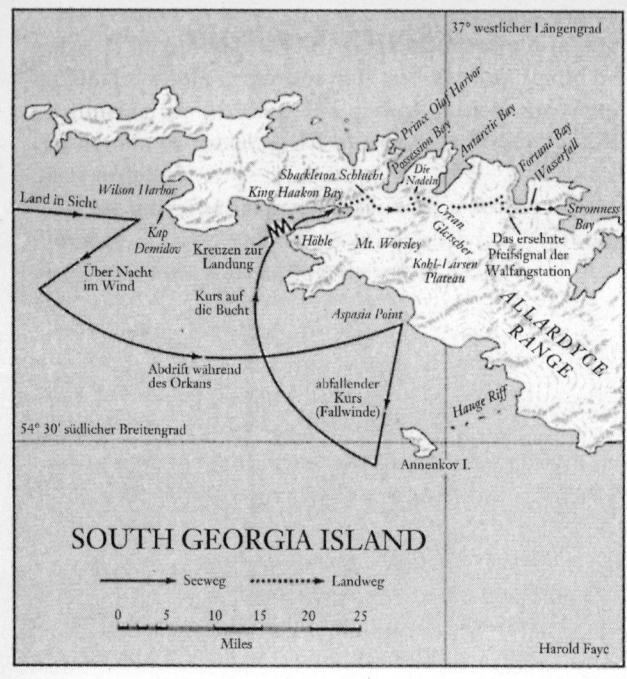

SOUTH GEORGIA ISLAND

Seeweg ·········► Landweg

0   5   10   15   20   25
Miles

Harold Faye

37° westlicher Längengrad

Prinz Olaf Harbor
Possession Bay
Antarctic Bay
Fortuna Bay
Wasserfall
Stromness Bay

Shackleton Schlucht
King Haakon Bay
Die Nadeln
Crean Gletscher
Das ersehnte Pfeifsignal der Walfangstation

Wilson Harbor
Land in Sicht
Höhle
Mt. Worsley
Kohl-Larsen Plateau

Kap Demidov
Kreuzen zur Landung
ALLARDYCE RANGE

Über Nacht im Wind
Kurs auf die Bucht
Aspasia Point

Abdrift während des Orkans
abfallender Kurs (Fallwinde)
Hauge Riff

54° 30' südlicher Breitengrad
Annenkov I.

I

Hoosh – welch herrlichen Klang dieses Wort für uns hatte. Es entstammt ursprünglich der Sprache nordamerikanischer Indianer, die ein Getränk so nannten. Mittlerweile steht »Hoosh« für einen breiartigen Eintopf, den man durch Trinken zu sich nehmen kann – was nicht heißt, daß es absolut dünnflüssig ist. Die Zusammensetzung unseres Hoosh hatte Sir Ernest gemeinsam mit Colonel Beveridge, dem britischen Experten für die Verpflegung der Armee, sorgsam ausgearbeitet. Es sollte die Grundversorgung sichern und Skorbut verhindern. Unser Hoosh bestand aus Fett, Hafermehl, Fleischeiweiß, Hülsenfrüchten, Salz und Zucker. Die Mischung wärmte, war nahrhaft und verhinderte Skorbut, sie war von unschätzbarem Wert. Sie war fertig vorbereitet und in Blöcke von einem halben Pfund pro Mann und Mahlzeit portioniert worden. Ihre Konsistenz ähnelte der von frischem Käse, die Farbe war gelblichbraun. Gekocht wirkte der Eintopf wie dicke Erbsensuppe.

Beim Kochen stieg das Aroma dieser Ambrosia auf wie Weihrauch für die Götter. Und jeder von uns hätte mehr als einmal für ein Pfund davon einen Mord begangen. Mit einem Schuß »Johnnie Walker« war es ein geradezu edles Getränk, das selbst Bacchus nicht verschmäht hätte.

Als wir das Boot über die Felsen zogen, brachen zwei

Masten. Dies kümmerte uns jedoch nicht, da wir fürs erste vom Segeln gründlich genug hatten.

Ich hatte tagsüber einige trockene Grasbüschel bemerkt. Als es dämmerte und die anderen Hoosh zubereiteten und die Segel des Bootes an den Eiszapfen aufhängten, um unsere Höhle vor dem Wind zu schützen, sammelte ich sie auf und breitete sie auf dem Kiesboden der Höhle aus. Wir stülpten unsere Schlafsäcke von innen nach außen und legten sie auf den Felsen aus, damit sie einige der spärlichen winterlichen Sonnenstrahlen mitbekommen konnten. Immerhin waren sie danach nicht mehr naß, sondern angenehm feucht. An diesem Abend wurde Hoosh an einem offenen Feuer zubereitet, das von den Aufbauten des Bootes und ein paar Stücken Treibholz genährt wurde. Wie wir die ungewohnte Glut genossen! Wie wohlig wir uns fühlten, als wir unsere durchnäßten Glieder wärmten, unsere erschöpften Körper auf Schlafsäcken und Grasbüscheln ausstreckten, uns mit heißem, wundervollem Hoosh vollstopften und salzigen, durchweichten Tabak rauchten!

Bewegung und ein gewisses Maß an Trockenheit bewirkten, daß das Blut in unseren Füßen wieder zirkulierte und das Gefühl in sie zurückkehrte. Leider begannen sie, sehr schmerzhaft zu brennen. Wir kuschelten uns in unsere Schlafsäcke, schmiegten uns eng aneinander, die Füße zum Feuer hin ausgestreckt, und genossen die vergleichsweise warme und weiche Unterlage der Grasbüschel. Drei Meter von uns entfernt schlug die Brandung beruhigend ans Ufer, ab und zu durch den dumpfen Schlag eines kalbenden Gletschers unterbrochen. Zweimal wurden wir dadurch aufgeschreckt, daß ein meterlanger Eiszapfen krachend auf die Felsen stürzte. Dann endlich Schlaf! Wunderbarer und ungestörter Schlaf für vier bis fünf Stunden, bis ich aufwachte, weil meine Füße so sehr brannten, daß ich dachte, mein Schlafsack müsse Feuer gefangen haben. Ich hob sie hoch und bat Crean nachzusehen. Er sagte, alles sei in Ordnung. Ich war aber nicht zufrieden und stellte McCarthy dieselbe Frage – mit demselben Ergebnis. Ich schlief ein, wachte aber ein paar Minuten später wieder auf und fragte nun Vincent, ob ich brenne. Auch er verneinte. Mittlerweile hatte ich mich fürchterlich unbeliebt gemacht und wurde daran erinnert, daß die Füße anderer Leute auch brennen würden. Also sank ich bis zum Tagesanbruch erschöpft in den Schlaf. Als ich aufstand, stellte ich fest, daß ein großes Loch in meinen Schlafsack gebrannt war und die Fersen meiner Socken verbrannt waren. Also hatte ich doch einen Grund gehabt, mich zu beklagen. Funken hatten die halbgetrockneten Rasenstücke und das Gras, das ich auf dem Kies ausgebreitet hatte, entzündet. Diese schwelten und hatten sich einen Weg zu meinem Schlafsack gekohlt. Man kann wohl gut nachfühlen, wie brennend sich unsere Füße anfühlten, wenn wir den Unterschied zu einem echten Brand nicht mehr wahrnahmen. Seltsamerweise waren meine Füße unverletzt – nasses Leder brennt eben nicht gut.

Am nächsten Tag unternahmen Shackleton, Crean, McCarthy und ich einen Ausflug ins Inland. Die anderen waren dazu noch zu schwach. Wir gelangten auf ein Plateau, auf dem junge Albatrosse in ihren Nestern lagen. Diese bestehen aus Gras und Rasenstückchen, die über Jahre hinweg aufgebaut werden, bis sie eine Höhe von manchmal anderthalb Metern erreichen. Die Nester liegen recht ungeschützt im Freien, und die brütenden Eltern erinnern aus der Entfernung an eine verstreute Schafherde. Albatrosse legen ein oder manchmal auch zwei Eier, die vielleicht 15 Zentimeter groß sind. Männchen und Weibchen wechseln sich beim Brüten ab. Der jeweils freie Partner hält sich oft in der Nähe des Nestes auf, scheint unsinnige Kommentare abzugeben und vertreibt Eindringlinge durch lautstarkes Schnabelklappern. Das Küken entwikkelt sich zu einer wunderschönen weißen Flaumkugel, die aussieht wie eine Puderquaste mit Vogelköpfchen. Schöne, große Augen blicken flehend um sich, und mit dem noch weichen Schnabel versucht das Küken vergeblich, das Klappern seiner Eltern nachzuahmen.

Diese Küken haben 12 bis 14 Pfund köstlichen, zarten Fleisches, und sie waren daher für unsere geschwächten Männer ein Geschenk des Himmels. Als ich zum ersten Mal so einen kleinen Vogel tötete, fühlte ich mich wie ein Mörder, beim zweiten Mal ging es schon besser, und danach dachte ich nur noch daran, was für eine wunderbare Mahlzeit sie abgeben und wie überwältigend das erste geschmeckt hatte. Wir rupften die Küken, schnitten das Fleisch in kleine Stücke und schmorten es über einem winzigen Feuer aus Treibholz mit einem halben Pfund Hoosh und etwas Wasser. Wir kauerten uns derweil um das Feuer herum und hielten unsere diversen Kleidungsstücke zum Trocknen davor, wobei der Rauch uns verfolgte, ganz gleich auf welcher Seite des Feuers wir standen. Er drang unangenehm in Augen und Nasen, wie es der Rauch eines offenen Feuers eben so macht. Sobald das Gericht fertig war, schwelgten wir in ungewohnter Gefräßigkeit – das köstliche, weiße, würzige Fleisch war durch den beigemischten Hoosh und ein wenig Salz, welches wir in einer hermetisch verschlossenen Dose hatten retten können, nur noch pikanter geworden. Wie wir uns vollstopften! Endlich einmal konnten wir ungehemmt schlemmen. Wir aßen sogar die Knochen mit, die weich und saftig waren. Die im Topf verbliebene Flüssigkeit kühlte zu einem gehaltvollen Gelee ab. Dieser nährte Kranke weit besser als Hühnerbrühe – und wir brauchten ihn dringend. Nach dem Festmahl legten wir uns genüßlich auf die Grasbüschel und die Schlafsäcke zurück und pafften zufrieden unsere stinkenden Zigaretten. Dabei diskutierten der Boß und ich, daß wir genug Geld für eine weitere Expedition verdienen könnten, wenn wir einige hundert dieser Albatrosküken mitnehmen und für 50 Pfund das Stück an die Epikuräer, Feinschmecker und Vielfraße in Europa und New York verkaufen würden. Dabei übersahen wir geflissentlich, daß diese Küken unter Naturschutz standen und daß wir dieses Gesetz der Not gehorchend gerade gebrochen hatten. Wir waren unser eigenes Gesetz – und so sahen wir auch aus.

Crean und ich waren die Köche – das heißt, Crean war der Küchenchef und ich der Küchenjunge. Der arme Crean litt jedoch unter Symptomen der Schneeblindheit, die durch den Holzrauch verursacht wurden. Der Boß wies ihn an, seine Schneebrille zu tragen, aber er tat dies nicht immer, und der Zustand seiner Augen verschlimmerte sich. Also wurde ich zum Küchenchef befördert.

Abends stand ich mit meinem Sextanten am Strand und ermittelte mit Hilfe der Sonne den Breitengrad. Unsere Höhle wies nach Norden, und die andere Seite der Bai war vier Meilen entfernt – zu weit, um mich daran zu hindern, die Sonne auf den Horizont herunterzubringen. Das Ergebnis, 54° 10' Süd, bestätigte, daß wir uns genau da befanden, wo ich vermutet hatte – in der King Haakon Bay –, und daß die deutsche Karte, die genaueste Karte South Georgias, hier einen Fehler von einer Meile aufwies.

Unsere Füße erholten sich zusehends, so daß wir gehen konnten, ohne zu stolpern. Doch wir watschelten auch weiterhin ein bißchen, weil die Füße immer noch brannten, sobald sie trocken wurden.

5 Uhr nachmittags – das Abendessen bestand wieder aus Albatros, Hoosh und einer Zigarette aus mittlerweile fast trockenem Tabak. Dabei handelte es sich um ein paar wertvolle Blätter, die bei Tag behutsam aus verschiedenen Ecken des Bootes geklaubt worden waren, in die sie die Wellen während der Bootsreise gespült hatten.

Während wir rauchten und uns an die steinigen Wände

der Höhle lehnten, waren wir höchst zufrieden. Der härteste Teil unserer Aufgabe lag hinter uns, wir lebten in Luxus, und unsere einzige Sorge galt unseren Gefährten auf Elephant Island.

Ich fühlte mich ein wenig schläfrig, als uns plötzlich ein lauter Krach in unmittelbarer Nähe aufschreckte. Vorsichtig hoben wir eine Ecke des Segels an und blickten hinaus. Zwei große Eisspeere waren von unserem »Portal« abgefallen und lagen quer vor unserem Eingang. Als wir hochschauten, sahen wir, daß direkt über uns, wo die Eiszapfen gehangen hatten, kein Eis mehr war. Deshalb entschieden wir, unseren bisherigen Zugangsweg beizubehalten. Allerdings huschten wir am folgenden Morgen und in der Zeit danach weniger würdevoll als vielmehr hastig hinein und hinaus.

Wir zogen die Segel enger vor dem Eingang der Höhle zusammen und sicherten sie mit Steinen. Dann zogen wir uns in das zurück, was wir als unser behagliches und zugleich geräumiges und bequemes Wohnzimmer empfanden. Der steil ansteigende Kiesboden war ein trockener Untergrund für das Gras, auf dem unsere nun fast trockenen Schlafsäcke wohlig ausgebreitet waren. Zwischen dem Segel und der Felswand blieb ein Spalt, und der Ozean war angenehm – eher fast unangenehm – nah, nämlich direkt zu unseren Füßen. Über den oberen Rand der Segel konnten wir die schwarzen Klippen auf der anderen Seite der Bai sehen, darüber weißes Hochland und Schneebänke. Zehn Stunden lang schliefen wir in Ruhe, abgesehen davon, daß Crean uns immer wieder dadurch störte, daß er sich wegen der Schmerzen in seinen Augen hin und her wand und unterdrückt stöhnte. Sir Ernest verpaßte mehr Schlaf als wir, weil er sich um Crean kümmerte und etwas Adrenalin (Extrakt der Nebenniere) in seine Augen träufelte – unsere Kur gegen Schneeblindheit. Es war seltsam mit anzuhören, wie Crean sich sträubte wie ein störrisches

Kind und Sir Ernest ihn tadelte wie ein beunruhigter Vater, bis er ihn zum Einschlafen bewegen konnte. Danach war wieder alles friedlich, bis um 2 Uhr Sir Ernest uns alle mit dem lauten Ruf aufweckte: »Aufpassen, Jungs! Aufpassen! Haltet durch!« Gleichzeitig griff er in seiner Aufregung an meine Schulter. Ich setzte mich auf, schaute mich um und sagte, als ich nichts Bemerkenswertes sah: »Was ist los, Boß?« Er sagte: »Schau doch! Sie wird gleich über uns hereinbrechen« und zeigte auf die schwarze Wand der Klippe auf der anderen Seite, die am oberen Rand mit Schnee bedeckt war. Er hatte von der Bootsfahrt geträumt. Der Alptraum hatte ihn geweckt, und er sah im Halbschlaf die riesige Welle vor sich, die sechs Tage vor unserer Landung über uns hereingebrochen war. Danach herrschte wieder Ruhe bis 8 Uhr. Als wir aufwachten, hörten wir die gewohnte Meeresbrandung nicht mehr, sondern ein seltsames, knisterndes Rascheln, das immer wieder kam und ging, kam und ging. Wir blickten hinaus und stellten fest, daß sich vor unserer kleinen Höhle Gletschereis türmte, das sich in der schwachen Dünung hob und senkte. Ein Windwechsel hatte es hereingetrieben und auf dem Strand vor unserer Höhle aufgeschichtet, bis die Blöcke nur noch durch die ausgebeulten Segel daran gehindert wurden, uns auf die Füße zu fallen. Dieses Eis würde uns natürlich einen oder zwei Tage lang davon abhalten, das Boot zu Wasser zu lassen.

Am Vormittag stiegen Crean, McCarthy und ich auf das Plateau hoch und brachten zwölf junge und einen ausgewachsenen Albatros herunter, durch unwegsames Gelände und Schnee eine schwere Last. Der ausgewachsene Albatros überzeugte in unserer Küche nicht, weil er zwar sehr würzig, aber ausgesprochen zäh war, und wir waren inzwischen Feinschmecker, die kein zähes Fleisch essen wollten. Wir fingen nie wieder einen.

Nach dem Mittagessen brachen Shackleton und ich auf,

um eine Route zu dem Sattel zu suchen, den wir am ersten Tag vom Rand der Bai aus gesehen hatten. Wir durchquerten etwa fünf Meilen sehr unwegsames, hügeliges Gelände, meist Sumpf, der mit Grasnarben und Schnee bedeckt war. Dann hielten wir uns nach Osten am Felsstrand der Bai entlang, wobei wir an einigen Herden sowie vereinzelten See-Elefanten vorbeikamen. Wir gingen um ein oder zwei felsige Landspitzen herum und arbeiteten uns dann über zwei steile Geröllhalden weiter vor, bis wir von einem unpassierbaren Gletscher aufgehalten wurden. Von hier aus ließen wir die Topographie der Bai an unserem geistigen Auge vorüberziehen und zählten insgesamt zwölf Gletscher, welche in ihn mündeten. Sir Ernest gab einigen von ihnen Namen. Den ersten benannte er nach mir. Ich bin nicht sicher, ob ich mich daran erinnern kann, welcher es war, aber es waren jedenfalls genug für jeden von uns. Hier teilte mir Shackleton mit, daß er entschieden habe, mich mitzunehmen, wenn er South Georgia durchquerte, weil er sicher war, daß meine Ausdauer jede Anstrengung überstehen würde. Ich drückte seinen Arm dafür – wir saßen Arm in Arm im Gras –, weil ich mich stolz und dankbar fühlte.

Auf dem Rückweg kamen wir an einigen Holzstücken und Treibholz vorbei – falls wir hier überwintern müßten, würden wir Feuerholz haben. Die Rundhölzer zeugten von einst stolzen Schiffen und deren Besatzung, die wahrscheinlich vor Kap Hoorn gesunken waren und deren Überreste durch die Nordweststürme hierhergetrieben worden waren. Sir Ernest hob ein mitleiderweckendes kleines Spielzeug auf, das armlange Schiffchen eines Kindes. Es war das letzte Zeichen einer Tragödie, und sei es nur der persönlichen Tragödie des kleinen Kindes, das sein Spielzeug verloren hatte. In zwei Meilen Entfernung von der Bucht trafen wir auf einen über zwei Meter langen See-Elefanten. Da ich keinen Knüppel hatte, schlug ich ihn mit einem großen Stein bewußtlos, betätigte mich dann als Metzger und nahm das Herz, die Leber, einen Teil des Fleisches und Tran als Nahrung und Brennstoff. Ich drehte meine Jacke von innen nach außen und packte meinen Anteil hinein. Shackleton trug seinen auf seiner Schulter. Aber als wir an der Höhle anlangten, waren wir beide gleichermaßen verschwitzt und blutüberströmt.

Sir Ernest schlug mit seinem trockenen Humor augenzwinkernd vor: »Lassen Sie uns dieses Zeug verstecken, hineingehen und den anderen erzählen, daß Sie mein Leben gerettet hätten, wobei der See-Elefant Ihre Jacke zerrissen und Sie schwer verwundet habe. Das erklärt das viele Blut.« Als wir nach einem schweren Marsch ankamen, war es schon dunkel. Zu unserer Freude wartete heißer Hoosh auf uns. Natürlich glaubte niemand unsere Geschichte. Als Shackleton sagte: »Ratet mal, was wir gefunden haben«, wurden gewagte Vermutungen geäußert – von Gold, Diamanten oder Ambra bis zu einem Walfänger oder einer Walfangstation. Als wir aber stolz den Tran, die Leber und alles andere präsentierten, freuten sich alle. Jetzt waren wir sicher, daß wir zur Not den Winter hier überstehen würden.

Am nächsten Tag war die Bucht immer noch voller Eis, aber das Boot war so bereit zur Weiterfahrt, wie es nur sein konnte: Es lag am Ausgang der Bai. Von der Bucht aus ins Inland zu gelangen schien ausgeschlossen.

Den ganzen Tag über jagte ein Sturm Schnee- und Graupelschauer und große Wolken über uns hinweg, die sich dann um die Berge wanden. Der Wind peitschte die Oberfläche der Bai zu weißem Schaum auf.

Der nächste Morgen brachte uns unseren ersten schönen Tag. Ein Westwind kräuselte die glänzende Wasseroberfläche und ließ kleine Gischtkappen wie Sterne darauf tanzen. Bei Tagesanbruch gab es Hoosh; dann rollten wir die Schlafsäcke auf und verließen die Höhle. Um 8 Uhr zogen wir die abgetakelte *James Caird* schnell den steilen Strand hinunter. Als wir gerade dabei waren, sie zu Wasser zu lassen, sahen wir einen Gegenstand im Wasser treiben – unser verlorengegangenes Ruder, das einige Tage zuvor ins Meer geschwemmt worden war. Sir Ernest sagte: »Es hatte den ganzen riesigen Atlantik zur Auswahl, aber es kommt zurück und landet direkt vor unseren Füßen.« Die Vorsehung meinte es wirklich gut mit uns, weil die Bucht drei Tage lang mit Eis bedeckt gewesen war. Wir legten das Steuerruder ein, nahmen das treue Ruder an Bord und machten uns freudig auf den Weg.

Wir ruderten aus der gastlichen Bucht hinaus und setzten dann unser Segel in einen schönen, günstigen Wind, vor dem wir mit einer Geschwindigkeit von etwa sieben Knoten pro Stunde die King Haakon Bay hinaufsegelten – sie wird in der Karte fälschlicherweise als Bucht bezeichnet, denn sie ist eigentlich ein Sund. Wir waren glücklich und aufgeregt. Das Wetter war schön, unsere Aussichten, South Georgia zu durchqueren und Hilfe für unsere Schiffskameraden auf Elephant Island zu finden, standen gut, und vor uns lag Aktivität – Aktivität, die immer doppelt so motivierend ist, wenn man lange zum Nichtstun gezwungen war.

Der Sattel, den wir am ersten Tag vom Boot aus gesehen hatten, war nun deutlich zu erkennen. Er war der einzige Weg ins Innere der Insel. Das heisere Brüllen der männlichen See-Elefanten – Paschas in ihrem Harem – sagte uns, daß wir Nahrung in Hülle und Fülle haben würden. Auf halbem Weg den Sund hinauf kamen wir an ein Band von Seetang, das sich über dessen ganze Breite erstreckte. Da ich versteckte Felsen fürchtete, hielt ich am Bug scharf Ausschau, während Crean das Boot durch den Tang steuerte. Dann trafen wir auf einige kleine Felsinseln an der Mündung des Sunds. Aber als wir ein steiles kleines Ufer entdeckten, das wie eine Insel aus Untiefen zur Linken aufragte, hielten wir darauf zu. Mehrere Herden von See-Elefanten mit jeweils zwanzig oder mehr Tieren waren als Punkte an den Untiefen zu sehen. Wir umsegelten zwei kleine Felsspitzen und gelangten an einen langen steilen Kiesstrand. Wir holten die Segel ein, ruderten durch eine schwache Brandung heran und ließen das Boot auf den Strand laufen. Dann entluden wir das Boot und trugen alles über die Hochwasserlinie hinauf.

Unmittelbar östlich hatten sich unglaubliche Massen von Treibholz angesammelt, die eine Fläche von bestimmt zweitausend Quadratmetern bedeckten und sich stellenweise bis zu zwei Meter hoch auftürmten. Dies war ein Schiffsfriedhof – jammervolles Strandgut, Spielball des Meeres: kleine und große Masten, ein Großrah, Schiffsholz, die Gebeine stattlicher Schiffe und tapferer Männer. Das meiste davon war über eine Strecke von 1000 Meilen von Kap Hoorn hierhergetrieben, manches sogar 2000 oder noch mehr Meilen.

Von den Weststürmen auf diese wilde Küste South Georgias getrieben, hatte die Ostströmung durch eine seltsame Laune der Natur das Treibgut an diesem einen Punkt zusammengeführt – die traurigen Geschichten verschwendeten menschlichen Unternehmensgeistes, heldenhafter Seefahrer, die der erbarmungslosen See unterlegen waren. Völlig durcheinander lagen hier herrlich geschnitzte Gallionsfiguren, elegante Stützen aus Teakholz mit Messingkappen, Handläufe mit Segeltuchresten und geschnitzten Streben – das stolze Ergebnis der Arbeit eines begabten Schiffszimmermanns; Kabinentüren, zerbrochene Oberlichter, Luken aus Teakholz, Halterungen von Kompaßhäusern, Stützbalken, Grätings, Kopfbretter, Fässer und Ladegeschirr. Dort hatte sie der allzeit tobende südliche Ozean, seines Spielzeugs müde, verächtlich aufgeworfen, damit sie verrotteten; traurige Überbleibsel stolzer Schiffe mit hochragenden Spieren, schneller Klipper, Barken, Briggs und vielleicht sogar eines alten Ostindienseglers. Wrackteile von Schonern, Robben- und Walfängern, Schmugglern und Piraten und vielleicht sogar Teile eines Schlachtschiffes hatten hier ihre letzte Ruhe gefunden, und einige davon mögen sogar zu einer Zeit hierhergetrieben worden sein, als Drake zum ersten Mal um Kap Hoorn segelte. »Eines Tages, Skipper«, sagte Shackleton, »werden Sie und ich hierherkommen, um nach alten Schätzen zu suchen oder vielleicht auch, um mit den anderen Seeleuten hier in Frieden zu ruhen.«

Wir wählten die besten Rundhölzer, die wir finden konnten, legten diese unter den Bootsrumpf und bekamen das Boot so bald an Land. Nach fünf oder sechs Stunden harter Arbeit, unterbrochen von einer Hoosh-Mahlzeit, hatten wir das Boot kieloben auf den Kies gegen eine rasenbedeckte Felsbank gelehnt, die aus dem Schnee herausragte. Mit Steinen und Grasbüscheln, die wir mit den Wurzeln herausrissen, sowie Torfstücken verschlossen wir den Bug, das Heck und die Seiten der Ruderbänke und verdeckten die verbleibende Öffnung auf der anderen Seite der Felsbank mit dem Großsegel, das wir mit Steinen sicherten.

Wir töteten einen jungen See-Elefanten und kochten einen Hoosh mit Albatrosküken- und See-Elefanten-Fleisch, der bei Lloyds die Qualitätsstufe A1 erreicht hätte. Wir hatten vorsichtshalber – und auch als besonderen Luxus – sechs Albatrosküken aus dem Höhlenlager an diesen Ort mitgebracht, den ich *Peggoty Camp* taufte, nach der armen, aber ehrlichen Familie aus Dickens' David Copperfield. Wir legten die Ruder und Bretter aus den Wrackteilen auf die Ruderbänke, bis wir ein schönes trockenes Obergeschoß in unserer kleinen Hütte erhielten, wo wir völlig ermüdet die ganze Nacht den Schlaf des Gerechten schliefen, entschlummert im sanft murmelnden Geräusch der Wellen am Strand.

Am nächsten Tag fegte ein Sturm aus Südwesten Schneeböen über uns hinweg. Wir stellten *Peggoty House* fertig, indem wir es mit Grasbüscheln und Moos bedeckten, bis es aussah wie eine irische Torfhütte, aus welcher der Rauch des Tran-und-Treibholz-Feuers durch eine Öffnung heraustrat, die wir in Nähe des Bugs gelassen hatten. Wir machten dieses Feuer unter dem Boot, damit alles trocknen konnte; denn in der Kleidung und den Schlafsäkken war so viel Salz von der Bootsfahrt, daß sie die Feuchtigkeit aus der sehr feuchten Luft absorbierten. Bald stellten wir aber fest, daß alles in unserer Behausung von einer tranigen Rußschicht überzogen wurde, die Bewohner eingeschlossen. Nachdem wir fast erstickt waren und unsere Augen fürchterlich tränten, löschten wir das Feuer. Dann gingen Sir Ernest und ich auf Erkundung über die Ebene hinter unserem Lager zu einem riesigen Gletscher, der auf seiner Wanderung eine Moräne vor sich über die Ebene schob. Wir wanderten am Fuß des Gletschers in östlicher Richtung hinter dem Schiffsfriedhof entlang und kamen an eine Stelle, an der riesige »Eisfinger« bis zu 200 Meter hoch über den Strand ragten. Es war Flut, die Brandung schwoll herein, und als die erste Welle zurückging, duckte ich mich unter einen dieser »Finger«, der bestimmt 40 Meter hoch war und ebenso viele Tonnen wog, und rannte bis zu einer Spalte zwischen zwei weiteren »Fingern«. Sir Ernest folgte mir, und wir rannten auf diese Weise an zwei weiteren »Fingern« vorbei, als er, wie immer vorsichtig, sagte: »Das ist zu riskant. Kommen Sie zurück, Skipper.« Also rannten wir auf dieselbe Weise zurück. Wenn wir unter den »Fingern« waren, verschwendeten wir sicherlich keine Zeit, denn wir konnten Eisbrocken von sicher 50 bis 100 Tonnen sehen, die auf den Strand gefallen waren. Wäre einer dieser Blöcke herabgestürzt, als wir darunter waren, dann wären wir platter gewesen als Pfannkuchen. Dann kletterten wir vorsichtig eine Viertelmeile auf die trügerische Oberfläche des Gletschers hinauf. Wir wandten uns dann nach Osten und erkundeten den Weg weitere zwei Meilen nach einer Route auf den Sattel, von dem aus wir South Georgia durchqueren wollten.

Als wir zurückkehrten, hatten »Chips«, McCarthy und Vincent einen kleinen Schlitten zusammengezimmert, den wir auf unserer Reise mitziehen konnten. Crean hatte die Ausrüstung weitgehend bereitgemacht, darunter auch drei Decken; denn Sir Ernest wollte zunächst Decken mitnehmen, damit wir eine Nacht würden übernachten können. Nach dem Essen froren wir unter dem Boot wieder und zündeten erneut ein Feuer an, bevor wir uns zum Schlafen legten. Es wurde zwar gemütlich warm, aber wir erstickten fast und wurden rußiger als je zuvor, bis das Feuer ausging. Während der Nacht kam der Mond heraus, und Crean schrie plötzlich auf. Er schwor, er habe eine Ratte gesehen. Auf diese Aussage reagierten wir mit brüllendem Gelächter. Später sah »Chips« auch eine. Dieses Mal war der Hohn schon ein wenig verhaltener, zumal wir daran dachten, daß an der Südküste Schwärme von Ratten zu finden waren. Sie konnten also durchaus auch in der Umgebung all dieser Wrackteile sein.

Als wir aufstanden, war es wie gewöhnlich sehr stürmisch. Der Wind blies Sprühregen aus Nord-Nordwest heran und war vergleichsweise warm, was dazu führte, daß der große Gletscher an der südöstlichen Ecke des Sundes mehrmals mit donnerndem Krachen kalbte.

Nach dem Frühstück bemerkte ich, daß jeder von uns sehr schmutzig war, und wurde von einem plötzlichen Anfall von Reinlichkeit übermannt. Nach mehrmaligen Versuchen gelang es mir, meine Hände zu reinigen, indem ich sie so lange mit Schnee abrieb, bis der Schmutz sich abrollte. Dann nahm ich mir mein Gesicht vor und kroch, als ich glaubte, es sei sauber genug, wieder zu den anderen hinein. Mein reinliches Aussehen wurde jedoch überhaupt nicht kommentiert, was ich zunächst auf den Neid meiner Gefährten zurückführte. Später jedoch stellte ich fest, daß mein Gesicht nicht gesäubert war, sondern daß ich den Ruß, Schmutz und Tran, der es bedeckte, lediglich poliert hatte und dadurch noch weit schmutziger aussah!

Ein weiterer stürmischer Tag. Es war bezeichnend, daß es in zehn Tagen nach unserer Landung nicht einen einzigen Tag gegeben hatte, der schön genug gewesen wäre, die Überquerung in Angriff zu nehmen. Jetzt waren wir besorgt und angespannt, denn es war Vollmond – und ohne Vollmond und schönes Wetter zugleich würde die Überquerung unmöglich sein.

Die King Haakon Bay befindet sich auf der unbewohnten Westseite der Insel. Die Walfangstationen waren alle an der Ostküste. Wir befürchteten, daß unsere Gefährten auf Elephant Island verhungern könnten, bevor selbst die fieberhafte Sorge Shackletons sie würde retten können. Trotz des Winters schien die Überquerung unerläßlich, wenn wir Hilfe suchen wollten. Deshalb wagten wir nicht, auf den Frühling und die Walfänger zu warten. Da wir mit zwei geschwächten Männern nicht mit dem Boot um South Georgia herumfahren konnten, gab es keine Alternative zur Durchquerung zu Fuß.

Unser Marsch stand unter folgenden Voraussetzungen:

South Georgia, das unter britischer Flagge steht, erstreckt sich über 90 Meilen von West-Nordwest nach Ost-Südost. Die Breite ist unregelmäßig und beläuft sich stellenweise auf bis zu 30 Meilen. Das Rückgrat der Insel bildet der Allardyce-Gebirgszug, der durchschnittlich 1500 Meter hoch ist. Der höchste Gipfel ist der Mt. Paget mit 2800 Metern, und es gibt mehrere weitere Berge mit mehr als 1800 Metern Höhe. Riesige Bergketten dehnen sich nahezu rechtwinklig nach beiden Seiten aus. Das Innere der Insel ist von Eis und Schnee bedeckt, die außer an den Stellen, an denen Felsklippen und Gipfel herausragen, einige hundert Meter dick sind. Niemand hatte die Insel je durchquert, außer an der Stelle, an der Possession Bay an der Ostküste durch den zuvor erwähnten Sattel nur sechs Meilen Luftlinie von der King Haakon Bay an der Westküste getrennt ist. Nur drei Meilen von dort entfernt lag der Prince Olaf Harbour. Ich versuchte, Sir Ernest davon zu überzeugen, genau diese Route zu nehmen – ich wußte, daß es keinen Sinn hatte, freiwillig allein gehen zu wollen. Er lehnte ab, weil die dortige Walfangstation unseres Wissens nach nur den Sommer über in Betrieb war. Später stellte sich heraus, daß sie den ganzen Winter über in Betrieb war und seitdem nie geschlossen wurde.

Fürchterliche Stürme geißeln die Küsten dieses Eislandes des Südens, und an den Bergen und auf den Hochebenen wüten die Sturmdämonen ungehemmt. Zwar bieten ihnen die Felsmassen und Bollwerke der Berge Einhalt, doch meißeln und schnitzen sie Gräben, Täler und steil abfallende, schroffe Schluchten in die weiten Flächen von Firn und Eis. Die Hölle, die sich bei starkem Sturm dort oben abspielt, das Frohlocken der teuflischen Weststürme, der donnernde Haß des grimmigen Nordweststurms, das erbarmungslose teuflische Wüten der Oststürme und das Schreien und Kreischen der Schneestürme aus Süden mit immer wieder nachrückenden Bataillonen schnellfeuernder Hagelböen, gefolgt von Schneeböen: dieses Geschwader der Eishölle läßt den Menschen erblinden oder bringt ihn um seine Sinne. Die Dämonen des Windes, die zischend und knurrend von Felsspitze zu Felsspitze widerhallen, rasen rachsüchtig auf die Eisfelder und zerren, beißen, meißeln und reißen große Stücke Eis heraus, um sie wie ein Vulkan in Wolken von Eis und Schnee in die Höhe zu schleudern. Was sich dort abspielt, kann man kaum ahnen. Kein anderer Mensch hat an den Orten, an denen wir später standen, diese Stürme überlebt. Mit einem Anflug von Ehrfurcht vor der Gewalt der Natur und der Bedeutungslosigkeit des Menschen blickten wir in einen vom Wind ausgehöhlten Abgrund, der 100 Meter tief und breit und über 600 Meter lang war.

Dies, zusammen mit einigen Gletschern, Gletscherspalten, heimtückisch gefrorenen Seen, von Schneewächten verborgenen Abgründen und trügerisch abfallenden Eishängen, war das Land, das Shackleton durchqueren wollte. Wir mußten enorm vorsichtig sein: Wir mußten einen Tag mit schönem, sonnigem Wetter wählen, und wir brauchten den Vollmond, um bei Nacht unseren Weg erkennen zu können.

Mittlerweile zeigten sich erste Auswirkungen der Belastung, die das Warten und die Sorge um seine Männer für ihn bedeuteten. Er war zu dieser Zeit entmutigter, angespannter und niedergeschlagener, als ich ihn je zuvor erlebt hatte. Eines Tages sagte er zu mir: »Ich werde nie mehr eine neue Expedition unternehmen, Skipper.«

Am 17. Mai machten Shackleton und ich uns nach dem Frühstück auf, um den Paß nach Possession Bay zu suchen. Wir hielten auf die Stelle zu, an welcher der erwähnte Sattel an die südöstliche Seite eines majestätisch wirkenden, einsamen Berges von etwa 1200 Meter Höhe stieß. Nach einem harten Marsch von drei Stunden zwischen riesigen Felsblöcken aus gewaltigen Murren und in weichem, tiefem Schnee erreichten wir den Sattel, konnten jedoch nichts von der Landschaft erkennen, weil ein dichtes, dunstiges Unwetter aufgekommen war. Nachdem wir 20 Minuten vergeblich darauf gewartet hatten, daß es vorüberzog, kehrten wir halb erfroren nach Peggoty Camp zurück.

Am Abend des Donnerstags, dem 18. Mai, besserte sich das Wetter schnell und zeigte endlich Anzeichen für eine anhaltende Veränderung. Sir Ernest entschied, daß, falls es so blieb, er, Crean und ich um 3 Uhr morgens aufbrechen würden. Alles war bereit, und »Chips« hatte 16 Messingschrauben von fünf Zentimetern Länge mit den Spitzen nach unten in den Sohlen unserer Schuhe befestigt, acht an jedem Schuh. Diese sollten uns einen guten Halt auf dem Weg geben. »Chips« sagte, dies seien alle, die er habe, aber ein Zimmermannn ist ein seltsamer Vogel, produktiv wie ein Zeitungsreporter. Er hat immer noch irgendwie einen Vorrat von Schrauben und Nägeln – man muß ihm nur freundlich zureden, dann legt er einem noch ein paar in die Hand.

Wir legten uns voller Hoffnung früh zur Ruhe und schliefen fest. Einmal wurde ich jedoch von einem unmelodischen Schneuzen geweckt, stand auf und fand draußen Sir Ernest, dessen Sorge ihn bereits zweimal hinausgetrieben hatte. Zu unserer Freude schien der Mond hell und »trieb mit seinem Spott die Wolken fort«, wie der Seemannsspruch behauptet. Jedenfalls verzogen sich die Wolken.

Freitag, 2 Uhr morgens. Schönes klares Wetter und ein hell leuchtender Mond. Sir Ernest befahl: »Wir werden sofort aufbrechen, Skipper.« Wir riefen alle zusammen, kochten und aßen Hoosh und verließen Peggoty Camp um 3 Uhr. Im hellen Mondlicht fanden wir nach einer halben Stunde leicht unseren Weg zu dem Schlitten, den wir am vorherigen Tag für die erste Etappe unserer Reise dort abgestellt hatten. Vincent, der unter Rheuma litt und immer noch sehr wund von der Bootsreise war, blieb im Camp zurück. »Chips« und McCarthy begleiteten uns bis zu dem Schlitten, wo Sir Ernest zugunsten von »Chips« entschied, sie zurückzuschicken.

Wie traurig wären wir beim Abschied von dem einfachen, ehrlichen Vollmatrosen Timothy McCarthy gewesen, hätten wir gewußt, daß wir ihn nur ein einziges Mal für zwei Tage wiedersehen sollten. Mit seinem Gewehr bis zum letzten kämpfend, fiel er nur drei kurze Wochen nach unserer Ankunft in England im Krieg. Wir, seine Schiffskameraden, die in jener Bootsfahrt seinen Wert wirklich einzuschätzen gelernt hatten, halten diesen großen, tapferen, immer lächelnden Handelsmatrosen mit dem goldenen Herzen in stolzer Erinnerung. Wo immer wir auch waren und in welch gehobener Gesellschaft wir uns auch befinden mochten, Timothy McCarthy hätte stets ein Ehrenplatz und das Beste von allem gebührt, wie es sich für einen tapferen Mann und Gentleman ziemte. Um 4 Uhr nahmen wir drei den steilen Aufstieg zum Sattel in Angriff, ließen aber den Schlitten mehr als bereitwillig zurück, nachdem wir ihn etwa 300 Meter gezogen hatten. Die Ausrüstung und die Lasten verteilten wir neu: Jeder von uns hatte Nahrung für drei Tage – Hoosh, drei Stück Zwieback und zwei Riegel Streimers Müsli – in einem Sokken um den Hals geschlungen. Ich war vorausblickend genug, ein paar nicht so feuchte Socken auf meine Schultern zu legen, wo sie ein wenig trockneten und zugleich meine Last ein wenig abfederten. Sir Ernest teilte dann die Ausrüstungsgegenstände so gleichmäßig wie möglich auf: Primuskocher, ein kleiner Aluminiumkochtopf, ein Fernglas, ein kleiner Schlittenkompaß, eine Axt, deren Stiel auf ein Fuß Länge gekürzt war, um Tritte in das Eis zu schlagen, sowie etwa 30 Meter Kletterseil. Dazu hatte ich noch ein kleines Stück der deutschen Karte South Georgias und einen kleinen Kompaß aus Silber, den ich fünf Jahre vorher in der Schweiz geschenkt bekommen hatte. Der größere Schlittenkompaß hatte fünf Guineen gekostet, mein kleiner Kompaß nur eine halbe Guinee; aber unter diesen Bedingungen war der kleine Kompaß allemal wichtiger. Wie gewohnt war ich derjenige, der die Richtung vorgab, und ich tat dies, indem ich zunächst die »Karte« und den Schlittenkompaß nebeneinander auf den Schnee legte, einen weit entfernten Gipfel oder Felsen auf unserem Kurs anpeilte und so eine Orientierung ermöglichte. Es war umständlich, diesen Kompaß abzulesen, wir mußten dafür anhalten, und das hielt uns auf. Ich stellte bald folgendes fest: Wenn ich meinen kleinen Kompaß in der Hand hielt und ihn, wenn ich eine günstige Peilungsposition gefunden hatte, kippte, dann hörte er auf zu schwingen und stand zwei Sekunden still. Ich konnte sofort die Peilung ablesen und weitergehen. Ich habe vergessen, was die anderen trugen – ich trug die beiden Kompasse, das Fernglas, Essen, das Kletterseil und dazu das Chronometer, mit dessen Hilfe ich das Boot navigiert hatte. Dies hing unter meinem Pullover an einem Stück Lampendocht um meinen Hals, damit es warm gehalten wurde. Ich kann mich daran noch gut erinnern, weil ich bereits halb stranguliert war von meinen vier Bändern und Gurten um den Hals, bevor ich das Kletterseil auch noch darumwickelte. Wir mußten aber unsere Hände frei halten, damit wir unsere »Kletterstöcke« einsetzen konnten. Dabei handelte es sich um anderthalb Meter lange Latten von einem der Schlitten, die eigentlich für unsere Antarktisüberquerung gedacht gewesen waren.

II

Zu Beginn hatte ich die schwerste Last, aber als wir uns vier Meilen nach dem Start anseilen mußten, hatte ich einen kleinen Vorteil.

Unsere Kleidung bestand zunächst aus einer Kombination von etwas, was einmal warme Unterwäsche gewesen war. Nach fünf Monaten Dauerbenutzung war sie recht fadenscheinig geworden. Darüber trugen wir eine normale Hose – meine gehörte zu einem Anzug, weshalb Shackleton mich ständig aufzog, weil sie alles andere als passend für einen Ballsaal war. In Wirklichkeit wären wir selbst in einer Absteige im East End abgewiesen worden. Wir trugen dicke Jaeger-Wollpullover mit einem großen Taschenaufsatz aus einer Decke auf der Brust – sehr chic. Diese Tasche enthielt alles mögliche: unseren Löffel (ich spreche für mich selbst), einen halben Zwieback, das Foto unserer Liebsten (ich spreche immer noch für mich selbst), Papier für Zigaretten und Gott weiß was sonst noch!

Über der genannten Takelage trugen wir Burberrys statt Pelzmänteln – einen Blouson und eine Hose, die an Hals, Ärmeln, Taille und Knöcheln fest verschlossen waren, damit keine Luft eindringen konnte. Diese Burberrys waren winddicht und umgaben uns mit einer unsichtbaren Hülle aufgewärmter Luft. Sie waren jedoch nicht luft-

dicht, so daß wir nicht so schwitzten, wie wir es unter Pelzmänteln getan hätten.

Unsere Fußbekleidung bestand aus einem Paar dicker
Socken in pelzgefütterten Shackleton-Stiefeln, die mittlerweile stark verschlissen waren. Auf unseren Köpfen trugen wir wollene Kopfschützer und an den Händen Woll-
handschuhe und darüber lose Burberry-Handschuhe.

Nachdem wir den Schlitten aufgegeben hatten, wurde
das Wetter dunstig, und um 5.30 Uhr befanden wir uns in
der Nähe einer seltsamen tiefen Spalte in dem Gletscher
oder der Eisfläche, auf die wir unwissentlich zugegangen
waren. Sie war etwa 30 Meter tief und öffnete sich bergauf-
und nicht bergabwärts, so daß wir sie gerade noch rechtzeitig entdeckten, bevor wir hineinfallen konnten. Wir
marschierten stetig weiter nach oben und erreichten den
Sattel um etwa 6.15 Uhr; nach jeder Viertelstunde legten
wir eine kurze Pause ein, weil Sir Ernest der Ansicht war,
dies sei die beste Art, der Ermüdung vorzubeugen.

Eine halbe Stunde später erreichten wir den nordwestli-
chen Hang des Sattels, von dem aus wir zu unserer Überraschung durch den sich auflösenden Dunst etwas nördlich
unseres Kurses einen großen gefrorenen See unter uns im
Mondschein glänzen sahen. Eigentlich hätten wir nach
Osten weitergehen sollen, doch da das südliche Ende des
Sees verführerisch glatt wirkte und der Abstieg dahin nicht
schwierig zu sein schien, hielten wir darauf zu. Dieser See
stellte uns vor ein Rätsel, denn wir hatten zwar durchaus
einige kleine Gletscherseen erwartet, jedoch nichts von
dieser Größe. Kurz nach 7 Uhr stellten wir fest, daß wir
uns auf einem Gletscher befanden, und Shackleton ließ
anhalten, um die Situation zu erörtern. Zugleich nahmen
wir etwas Dörrfleisch und einen Zwieback zu uns, dazu
zwei Stück Zucker und eine Handvoll Schnee zum Trinken. Im Nordosten dämmerte es, bald hoben sich die rosi-
gen Schleier des Nebels, und wir hatten einen weitläufigen

Blick über den See. Schnell konnten wir sehen, daß er sich bis zum Horizont hin erstreckte. Es war in Wirklichkeit kein See, sondern ein Meeresarm – Possession Bay. Da es unmöglich war, an der Küste entlangzugehen, konnten wir nichts anderes tun, als zurückzugehen. Während des Aufstiegs hielten wir uns nach links und drehten nach und nach weiter herum, bis wir wieder Richtung Osten gingen. Etwa um 8 Uhr ging die Sonne auf, und unsere Stimmung stieg. Gutes Wetter war für uns lebenswichtig, und alles sah recht vielversprechend aus. Wir marschierten über eine Fläche, die wie ein wogendes Feld aus Schnee und Eis wirkte, überquerten eine Wasserrinne und begannen einen langen, stetigen Anstieg über einen Hang, der in rechtem Winkel zum Hauptgebirgszug unserer Wegrichtung lag. Das schneebedeckte Hochland, das wir überquerten, stieg vor uns steil bis zu einem großen Gebirgskamm an, aus dem fünf Felsenspitzen wie riesige Nadeln aufragten. Zwischen jedem Paar dieser Nadeln schien ein Paß zu liegen. Da der auf der rechten Seite der niedrigste war, stimmte Shackleton meinem Vorschlag zu, es dort zu versuchen. Zu unserer Rechten setzten sich die Eisfelder stetig nach oben bis zu einer großen Lücke im Gebirgszug fort. Dies schien ein leichter Weg zu sein, aber um einige Meilen länger; und wir waren nicht sicher, was auf der anderen Seite lag. Es war ein großartiger Anblick weitläufiger Einsamkeit und der unberührten Reinheit eines Gebirgspanoramas: klare Luft, blauer Himmel, weiche, wollige Wolken und strahlender Sonnenschein auf die Schneetäler und Hochebenen, mit schwarzen daraus hervorstechenden Felsspitzen und den zahlreichen Gipfeln der großen Allardyce-Gebirgskette, welche schneebedeckt und majestätisch wie Kaiser in all ihrer Pracht in der Morgensonne glitzerten. Wir vernahmen nur das Knirschen unserer Schritte im Schnee, das leise Schwirren des Seils – wir hatten uns mittlerweile angeseilt, um auf Gletscherspalten vorbereitet zu sein – und ab und zu ein beunruhigendes plötzliches Zischen, wenn Schnee mit uns einbrach. Mit jedem Schritt sanken wir bis zur Hälfte der Unterschenkel ein. Der Anstieg wurde steiler. Jede Viertelstunde hielten wir für eine Minute an und warfen uns flach auf den Rücken, Arme und Beine weit ausgestreckt. Wir atmeten kräftig ein, um uns in möglichst kurzer Zeit so gut wie möglich zu erholen. Wir schwitzten, aber unsere Füße waren kalt und naß vom Schnee, der durch die abgetragenen Überschuhe unserer Stiefel drang und beim Marschieren schmolz. Gegen Mittag erreichten wir den »Paß«, sahen jedoch beim Hinunterschauen nur Felsvorsprünge und gefrorene Wasserfälle und keine Stelle, an der ein Abstieg möglich gewesen wäre. Zwischen uns und der nächsten Lücke lagen die steil abfallenden Wände einer Felsspitze. Also mußten wir erneut hinuntergehen, bevor wir wieder aufsteigen konnten – ein weiterer steiler Anstieg zur nächsten Lücke. Auf halbem Weg nach oben ordnete Sir Ernest an, einen Halt einzulegen, um zu essen. Ich erinnere mich, daß mein sprichwörtlicher Appetit mich verlassen hatte, ich wollte nur einen halben Zwieback, zwei Stück Zucker und eine Handvoll Schnee. Ich glaube, daß Menschen vor besonders schweren Anstrengungen oder Arbeiten wenig essen sollten. Shackleton, aufmerksam wie immer, machte sich schon Sorgen um mich, bis ich ihm versicherte, wie gut ich mich fühle.

Wir erreichten die zweite Lücke und fanden, als wir hinüberblickten, den Abstieg ebenso unmöglich wie zuvor. Erneut mußten wir den hart erkämpften Weg umkehren und uns auf einen noch steileren Anstieg auf der anderen Seite des nächsten Gipfels begeben. Als wir an die dritte Lücke gelangten, bei der es sich um eine Eisrinne zwischen zwei Gipfeln handelte, verschwand die Sonne hinter den Bergen, und wir froren sofort. Wir befanden uns etwa 1200 Meter über dem Meeresspiegel. Da das Gefühl in

meinen Füßen nach der Bootsfahrt vollständig zurückgekehrt war, glaubte ich Erfrierungen zu haben und zog beim
nächsten Halt meine Fußbekleidung ab. Meine Füße
waren jedoch in Ordnung, nur sehr kalt. Ich wrang meine
tropfenden Socken aus, zog die trockenen Socken an, die
ich auf den Schultern trug, und legte die nassen Socken
wieder darauf, was Shackleton mit humorvoller Bewunderung quittierte. Er war wie üblich erfüllt von fast väter-
licher Sorge und lobte meine Voraussicht. Ich band die
zerschlissenen Überschuhe meiner Stiefel so sorgfältig zusammen, daß fast kein Schnee mehr hineindringen konnte,
und als wir den Marsch wiederaufnahmen, waren meine
Füße angenehm warm. Ich glaube, Creans Stiefel waren in
einem etwas besseren Zustand als meine; aber wie Sir
Ernest mit seinen Lederstiefeln Erfrierungen vermied, ist
mir ein Rätsel. Mit seiner gewohnten Selbstlosigkeit hatte
er seine eigenen Shackleton-Stiefel einem der Männer im
Boot gegeben.

Die dritte Lücke war eine Eisrinne zwischen zwei Gipfeln, und auf der anderen Seite war ein brüchiger Abhang,
an dem vielleicht ein Abstieg möglich gewesen wäre. Ich
wollte es versuchen, aber Sir Ernest hielt mich mit ge-
wohnter Vorsicht zurück. Wahrscheinlich hatte er recht;
wir hatten aber alle genug von dem dauernden Auf und Ab
unserer ermüdenden Suche nach einem Weg.

Während ich dies fast sieben Jahre danach aufschreibe,
kehrt die Erinnerung an jeden Schritt dieses Weges zurück. Selbst jetzt ertappe ich mich dabei, daß ich unsere
Gruppe zähle: Shackleton, Crean und ich und – wer war da
noch? Natürlich waren wir nur zu dritt, aber es ist seltsam,
daß, wenn wir diese Durchquerung geistig nachvollzogen,
wir immer einen vierten gespürt und uns dann korrigiert
haben.

Wieder nach unten und nach oben, dieses Mal in spit-
zem Winkel mit der Absicht, die Möglichkeit eines Ab-

stiegs nach links oder weiter nördlich zu suchen, indem wir einen Zickzackkurs einschlugen. Als wir nach einem sehr steilen Anstieg am Ende dieser Traverse angelangt waren, fanden wir den Weg durch einen Abgrund versperrt, der durch den Wind und die um die Flanken des nächsten Gipfels wehenden Stürme in den Schnee und das Eis geschnitten worden war. Vorsichtig näherten wir uns dem Rand, legten uns dort auf die Schneewächte, wo sie am wenigsten hervorragte, und blickten durch das schwindende Licht hinunter in einen düsteren Schlund von 60 Metern Tiefe und 600 Metern Länge. Man hätte zwei Schlachtschiffe darin verstecken können; was uns jedoch am meisten beeindruckte, war die beängstigende Kraft der Elemente, die diesen Schlund ausgehöhlt und ausgemeißelt hatten. Wir wußten, daß wir einen Sturm auf diesen windgepeitschten Gipfeln und Hochebenen allenfalls eine Stunde überleben würden.

Wir hielten uns im Zickzackkurs nach rechts und schlugen mit der Axt Tritte in den steilen Hang. So gelangten wir bei Einbruch der Dunkelheit an die vierte Lücke, einen rasiermesserscharfen Eisgrat.

Hinter uns aus Westen war Nebel vom Meer heraufgestiegen und verhüllte mittlerweile den gesamten Weg, den wir gekommen waren. In der Dunkelheit, im Osten dieses großen Gebirgskamms, war es unmöglich zu erkennen, wie der Abstieg beschaffen war. Wir setzten uns auf den Grat, wobei unsere Beine auf beiden Seiten herunterbaumelten, und besprachen uns. Dabei trieben Nebelschwaden um und zwischen uns umher, gingen jedoch glücklicherweise nicht weiter. Vor uns die Dunkelheit, hinter uns Nebel – wir hatten keine große Wahl; aber von der dritten Lücke aus hatte es den Anschein gehabt, als sei hier ein Abstieg möglich, und schließlich sagte Shackleton: »Wir werden es versuchen.« Wir schlugen jeden Schritt mit der Axt ins Eis und hielten das Seil zwischen uns gespannt, als er etwa 200 Meter nach unten voranging, wobei die Steigung nach und nach sanfter wurde. Er hielt an, und wir schlossen zu ihm auf und setzten uns auf den schmalen Sims, den er geschlagen hatte. In der Dunkelheit konnten wir unmöglich erkennen, ob der Abhang in einem Felsvorsprung endete oder langsam auf die Ebene abfiel, die schwach weit unten zu erkennen war. Letzteres schien der Fall zu sein. Also sagte er erneut: »Wir werden es versuchen.« Jeder wickelte sein Stück des Seils unter sich zusammen und setzte sich darauf; ich setzte mich hinter Sir Ernest und hielt mich an seinen Schultern, Crean tat dasselbe hinter mir. Dergestalt miteinander verbunden, ließen wir los. Ich hatte noch nie in meinem Leben so viel Angst gehabt wie während der ersten 30 Sekunden dieser Abfahrt. Die Geschwindigkeit war fürchterlich. Ich glaube, uns allen stockte bei dieser haarsträubenden Schußfahrt hinunter in die Dunkelheit der Atem. Crean hatte alle Mühe zu verhindern, daß die kurzstielige Axt herumschlug und uns verletzte. Dann lief der steile Abhang zu unserer Freude aus, und wir schossen in eine weiche Schneewächte. Nach unserer Schätzung waren wir innerhalb von zwei bis drei Minuten eine Meile weit bergab geschossen und hatten dabei einen Höhenunterschied von 600 bis 800 Metern überwunden. Wir erhoben uns, schüttelten uns die Hände und waren sehr zufrieden mit uns, bis wir unsere Hosen untersuchten! Schon vorher in schlechtem Zustand, waren sie jetzt nur noch Lumpen. Keine Abfahrten mehr! Das konnten wir uns wirklich nicht mehr leisten.

Unser größtes Risiko bei der Abfahrt war wohl, eine Lawine auszulösen, was äußerst unangenehm hätte werden können. Jedenfalls hielten wir es für besser, ein Stück aus dem Weg zu gehen, bevor wir unser Essen kochten.

Crean kümmerte sich um den Primuskocher, Sir Ernest füllte den Kochtopf mit Schnee, und ich grub eine Grube in den Schnee, in die wir den Primuskocher stellten, damit er nicht von dem sanften, aber eiskalten Wind ausgeblasen würde, der gerade von den Bergen herab eingesetzt hatte.

Der Primuskocher flimmerte und flackerte, weshalb Crean und ich uns über die Grube legten und so die böigen Windstöße abhielten. Sobald der Schnee schmolz, gaben wir ein wenig mehr hinein, um genug Flüssigkeit zu erhalten, in die wir den Hoosh rühren konnten. Ich hatte mich um die Grube herumgelegt, und Crean kauerte zugleich schützend und rührend darüber, während wir ungeduldig das Urteil unseres Chefkochs erwarteten: »Essen ist fertig, Jungs!« Hoch mit dem Kochtopf und dem Kocher, der sofort vom Wind ausgeblasen wurde, während wir um den Topf herumlagen und abwechselnd unsere Löffel – denn Becher hatten wir nicht – hineintauchten. Dies war unsere einzige Möglichkeit, das Essen gleichmäßig zu verteilen, und es war ein gerechtes Verfahren, obwohl Shackleton Crean im Spaß beschuldigte, den größten Löffel zu haben. Dieser antwortete: »Heiliger Strohsack! Sehen Sie sich doch nur an, wie groß der Mund des Skippers ist!« Ich machte mir die Diskussion zunutze, indem ich einen weiteren Löffel voll nahm. Unser Hoosh war vorzüglich. Er war kochend heiß, und da wir abwechselnd löffelten, konnte er gerade genug abkühlen, obwohl unsere Münder, Kehlen und Mägen mittlerweile so gut trainiert waren, daß wir Nahrung nahe am Siedepunkt aufnehmen konnten und auf diese Weise etwas zusätzliche Wärme in unsere unterkühlten und zitternden Körper bekamen. Nachdem wir den Topf ausgekratzt hatten, nahmen wir unseren Marsch wieder auf, und uns wurde schnell wieder warm. Wir gingen mit dem Wind im Rücken, der jetzt etwas nachließ. Durch die Dunkelheit konnten wir zu unserer Rechten zwei große Felsnasen erkennen, die sich bis zu einem Grat mit felsigen Spitzen und Felsnadeln erstreckten und an deren Seiten Eisfälle waren, die fast bis auf unseren östlichen Kurs herabreichten. Dies zwang dazu, ein wenig nach links auszuweichen, aber nicht zu sehr, da wir aufgrund dessen, was wir vor Einbruch der Dunkelheit von dem Grat gesehen hatten, wußten, daß sich auf der Seite gefährliche Gletscher, Spalten und Eisklippen befanden. Also arbeiteten wir uns im Dunkeln vorsichtig einen leichten Hang hinauf, immer entlang einer Art enger Terrasse des Eisfeldes, das sich nach zwei Richtungen neigte – zu uns hin und zur Linken in Richtung Meer, wo wir schwach Antarctic Bay ausmachen konnten.

Bald zeigte sich ein schwacher, leuchtender Glanz hinter den Spitzen und Felsnadeln des Gebirgskamms im Südosten, und wir wußten, daß uns unser guter alter Freund, der Mond, nicht vergessen hatte. Er stieg hinter den Bergen auf, um sich dann nach links zu wenden – nach Osten. In den hohen Breitengraden erstaunt es Bewohner der Nordhalbkugel immer aufs neue, wie sich ein Himmelskörper auf derselben Seite des Äquators bewegt, wenn er aufgeht – zunächst nach Osten (statt in die andere Richtung) und dann auf den Äquator zu. Bald schon sahen wir einen winzigen silbernen Bogen am Fuße einer Felsschlucht, der sich an der nächsten Lücke ein wenig größer zeigte. Der Mond spielte Verstecken mit uns und hob sich aufwärts, bis er über die letzte Felssäule hinweg voll und silberfarben emporstieg, um mit seinem freundlichen Licht unsere Herzen zu erfreuen und unsere Schritte zu lenken. Es war 7 Uhr. Wir entkamen dem bedrohlichen Feld von Spalten und Eisfällen heil und erklommen stetig ein langes, steil ansteigendes Hochland, das sich vor uns etwa sieben Meilen lang ausbreitete und am Horizont von einem riesigen kuppelförmigen Felsen durchbrochen wurde, der uns als Wegweiser diente.

Den größten Teil des Weges waren wir in den Schnee eingesunken, oft bis zu den Knien, was das Marschieren sehr mühsam machte, weil wir bei jedem Schritt unsere Füße wieder herausziehen mußten. Nun wurde zu unserer Erleichterung die Oberfläche so fest, daß wir nur noch selten über die Knöchel hinaus einbrachen, und wir hielten uns an jeden hartgrundigen Flecken vor uns, den wir im Mondlicht erkennen konnten. Manchmal legten wir mehr als 100 Meter zurück, ohne ein einziges Mal einzusinken, und wir lachten und schrien voller Freude. Wir waren bereits 16 Stunden marschiert. Sir Ernest legte nun nur noch alle 20 Minuten einen Halt ein, und wie zuvor legten wir uns weit ausgestreckt für zwei Minuten hin, um uns zu erholen.

Um 11 Uhr kochten wir in der Nähe des kuppelförmigen Felsens Hoosh; da es fast windstill war, reichte diesmal eine kleine Grube im Schnee, um die Flamme des Kochers zu schützen.

Um Mitternacht waren wir oben und schauten auf einen langen Abhang hinunter, der ein wenig nach links auf eine große, offene Bucht herabführte. Es war schwierig, unsere Geschwindigkeit und die Strecke zu schätzen, die wir zurückgelegt hatten. Und da Shackleton fürchtete, wir könnten die Walfangstation in der Stromness Bay verpassen – was im wahrsten Sinne tödlich gewesen wäre –, entschieden wir, den nordöstlichen Hang hinabzusteigen. Der leichte Abstieg lockte uns weiter. Es war wundervoll, schwungvoll gehen zu können und nur noch gelegentlich anhalten zu müssen, obgleich das freiere Gehen die Innenseiten unserer Schenkel wund rieb, die schon zuvor durch die ständige Nässe und das Salzwasser entzündet waren, bis offene Wunden entstanden und sie bluteten.

Um 2 Uhr waren wir so weit nach unten gelangt, daß wir in der Bucht unter uns einige felsige Inseln ausmachen konnten. Wir überlegten, ob es sich wohl um die Blenheim Rocks in Stromness Bay handeln konnte. Plötzlich befanden wir uns inmitten von Gletscherspalten, und wir wußten, daß wir uns der Abbruchkante eines Gletschers nähern mußten. Da es in Stromness Bay keinen solchen Gletscher gibt, waren wir wohl zu früh in Richtung Meer abgebogen. Shackleton ordnete an: »Wir müssen ein Stück zurückgehen«, und wir suchten uns vorsichtig einen Weg an den Spalten vorbei. Müde und nur noch mechanisch gingen wir etwa eine Meile auf unserer Fährte zurück und wandten uns dann immer weiter nach links, so, wie wir es am vorangegangenen Morgen in Possession Bay getan hatten. Der Hang im Südosten wurde sehr steil, und ich glaube, dies war der ermüdendste Teil des gesamten Marsches, was teilweise zweifellos darauf zurückzuführen war, daß wir zurückgehen und wieder auf eine zuvor hart erkämpfte Höhe aufsteigen mußten.

Darüber durfte man sich nicht wundern. Da das Innere der Insel unbekannt war, existierte auch keine Karte davon. Es war schwierig, die Teile der Küste, die wir bei Mondlicht erkennen konnten, zu identifizieren.

Ich war dieses Mal der letzte in der Seilschaft und bemerkte, daß das Seil manchmal so schlaff hing, daß man Gefahr lief, darauf zu treten, was ich einmal auch wirklich tat. Dies ist schon bei normalem Bergsteigen ärgerlich für die anderen, aber wenn die Männer erschöpft sind, dann ist es fast mehr, als sie ertragen können. Wir folgten dem Beispiel unseres Führers und taten, was wir konnten, um uns gegenseitig zu helfen und Rücksicht aufeinander zu nehmen sowie jeden Anlaß für Ärger zu vermeiden, so trivial er auch sein mochte. Wir reagierten auf Shackletons Selbstlosigkeit, und es war dieser Teamgeist, der uns aufrecht hielt. Obwohl Crean und ich ihn mehrmals gebeten hatten, uns für eine Weile die Führung zu überlassen, ließ er dies nicht zu. Es war sicherlich noch ermüdender, die Spur zu treten, und ich sah, daß sich dies auf ihn auswirkte. Aber er blieb so gut gelaunt wie immer. Unter normalen Umständen war er manchmal reizbar, aber nie, wenn die

Dinge schlecht standen und wir uns durchkämpfen mußten.

Der Hang, den wir hinaufstiegen, wurde sehr steil. Wir hielten auf die einzige Lücke in einer Kette felsiger Gipfel zu, die quer zu unserem Kurs lagen. Sie erinnerte an ein lückenhaftes Gebiß. Auf dem ganzen Weg dorthin und auch in der Lücke lag Schnee.

Etwa um 5 Uhr erreichten wir den Fuß der großen Felsfestung zu unserer Rechten, und da wir uns fürchterlich schläfrig und matt fühlten, legten wir unsere drei Stöcke über eine Ecke eines Felsens, setzten uns darauf, rückten eng aneinander, um uns warm zu halten, und lehnten uns an den Felsen zurück. Crean und ich schliefen sofort ein. Shackleton, selbstlos und besorgt um seine Männer, hielt sich wach, weil er fürchtete, daß wir niemals wieder wach würden, wenn wir alle einschliefen. Diese weit verbreitete Ansicht ist jedoch zum Teil ein Irrglaube; denn bei Männern mit guter Kondition, die nicht unterernährt oder so erschöpft sind, daß sie ihre Kraftreserven verbraucht haben, gibt es viele Beispiele dafür, daß sie ohne negative Folgen im Schnee geschlafen haben. Ich glaube nicht, daß wir zu Schaden gekommen wären. Auf Shackletons erster Expedition hatte sich ein junger Neuseeländer in einem Schneesturm verlaufen und ohne zusätzliche Kleidungsstücke 24 Stunden im Schnee geschlafen, ohne daß ihm dies geschadet hatte.

Nachdem wir zehn Minuten geschlafen hatten, weckte uns Shackleton. Er selbst erzählte diese Episode später folgendermaßen: »Ich weckte sie auf und sagte ihnen, daß sie eine halbe Stunde lang geschlafen hätten. Diese kleine Lüge hob ihre Moral ebenso wirksam, als wenn sie es tatsächlich getan hätten.« Ich fühlte mich jedenfalls wunderbar erfrischt.

Die Steigung wurde noch steiler, und wir kämpften uns hinauf, bis wir um kurz nach 6 Uhr die Lücke erreichten.

III

Wir gruben ein Loch in eine kleine Schneewehe und setzten den Kocher in Gang. Während Crean kochte, seilten Sir Ernest und ich uns an, kletterten auf einen erhöhten Aussichtspunkt hinauf und hielten nach dem bestmöglichen Weg Ausschau. Es war ein schöner, klarer Morgen – der Mond verblaßte gerade im Westen. In der Höhe, in der wir uns befanden (wahrscheinlich über 1200 Meter), brach die Morgendämmerung früh herein.

Obwohl es unter uns dunkel war, zeigte sich das Panorama deutlich. Nahezu direkt unter uns war das dunkle Wasser der Fortuna Bay zu sehen. An ihrem Kopf war ein Tal, das zur Hälfte von einem mächtigen Gletscher ausgefüllt wurde. Er schwang sich in einer eleganten Kurve um die Berge herum und wurde von einem weiteren Gletscher gespeist, der weiter südlich durch den Gebirgskamm brach. Auf diesem standen wir; es schien kein Weg hindurchzuführen. Auf der anderen Seite des Tals war ein weiterer schräger Gebirgskamm, weit niedriger als unserer, und dahinter konnte man schwach die Wasseroberfläche von Stromness Bay ausmachen. Dort wollten wir hin. Sir Ernest erkannte eine auffällige Z-förmige Schichtung an der großen Felswand auf der abgelegenen Seite der Bucht, und wir fühlten uns in Sicherheit. Es bestand nun keine Gefahr mehr, daß wir über unser Ziel hinausschießen oder uns verlaufen würden.

Unmittelbar vor uns war der Berghang sehr steil und endete, soweit wir sehen konnten, in einer senkrechten Felswand. Rechts von uns sah es aber so aus, als bestehe dort eine Abstiegsmöglichkeit. Es schien zu schön, um wahr zu sein – was ich auch Sir Ernest gegenüber feierlich zum Ausdruck brachte. Wir waren überglücklich, weil wir jetzt das Ende unserer Reise vor Augen hatten.

Crean rief: »Hoosh!« Wir eilten hinunter und überbrachten ihm die gute Nachricht.

Wir löffelten unser Hoosh abwechselnd aus dem Topf, aßen je zwei Stück Zucker und sehnten uns nach einer Zigarette.

Sir Ernest fragte mich, wie spät es sei. Es war 6.55 Uhr. Er sagte: »Wir sollten aufpassen, ob wir das Pfeifsignal der Walfangstation hören können.« Und um 7 Uhr erklang tatsächlich das ersehnte Pfeifen, das den Arbeitsbeginn auf der Walfangstation ankündigte – das erste Zeichen der Zivilisation seit 18 Monaten.

Sir Ernest drückte es so aus: »So schön wie dieses Pfeifen hatte noch keine Musik für unsere Ohren geklungen.«

Zum zweiten Mal während dieses Marsches schüttelten wir uns die Hände, und ich konnte mich nicht beherrschen, in laute Jubelrufe auszubrechen.

Das Öl unseres Kochers war zu Ende, und wir warfen ihn weg, was unsere Last ein wenig leichter machte. Alles, was wir loswerden konnten, war eine Hilfe, da es unsere Arme und Hände für schwierige Auf- und Abstiege frei hielt und weniger um unseren Hals oder Schulter herumbaumelte.

Wir hielten uns nach rechts und stiegen etwa eine halbe Meile einen recht steilen Hang schräg hinunter. Nach und nach wurde der Winkel jedoch immer steiler, bis es gefährlich wurde.

In der Regel war Shackleton vorsichtig, manchmal sogar zu vorsichtig, während ich vielleicht nicht vorsichtig genug war; aber jetzt, als der Hang so gefährlich aussah, sagte ich, es sei meiner Ansicht nach besser, zurückzugehen und einen besseren Weg nach unten zu suchen; er aber sagte: »Nein, wir werden es hier versuchen.« Ich glaube, er hatte das Gefühl, wir wären bald am Ende unserer Kräfte und es hieße: jetzt oder nie.

Wir hielten das Seil straff zwischen uns, während er mit der Axt Stufen diagonal über den Eishang schlug. Für die nächsten 100 Meter stand es auf Messers Schneide. Jedes Stück Eis, das hinunterfiel, schlug einmal auf dem Hang auf und stürzte dann ins Nichts. Ein einziger Ausrutscher hätte uns alle drei das Leben gekostet.

Hinter diesem gefährlichen Punkt war ein weiterer steiler Hang, auf dem ebenfalls für eine kurze Strecke Stufen geschlagen werden mußten. Crean, der am Ende des Seils ging, und ich in der Mitte sicherten bei jedem Schritt, während Shackleton den nächsten schlug. Bald fanden wir uns an einem Hang, der nur noch von einer dünnen Eisschicht bedeckt war. Dieser Hang schien eigentlich zu steil zu sein, als daß sich darauf Schnee hätte ablagern können. Aber wahrscheinlich hatten starke Stürme Schnee dagegen geweht und den Berg damit bedeckt. Die Oberfläche war dann unter der Sommersonne geschmolzen und nachts gefroren, bis eine zusammenhängende Schicht entstanden war.

Sir Ernest legte sich auf dem Hang flach auf den Rücken und ließ sich langsam hinuntergleiten, bis er auf einem Bein stand. Dann hob er das andere hoch in die Luft und ließ es auf die Eisschicht schlagen, so daß sein Absatz das Eis durchschlug und er Tritt fassen konnte. Dann ließ er sich auf dieses Bein herunter und wiederholte den Vorgang mit dem anderen Bein, während wir das Seil straff hielten und auf dieselbe Weise in seinen Fußstapfen folgten. Der Absatz des zweiten oder dritten Mannes, der in das Loch schlug, vergrößerte dieses so sehr, daß es für den letzten, den großen und kräftigen Crean, ein leichtes war, die gesamte Gruppe sicher zu halten. Nun, da wir keine Tritte mehr schlagen mußten, kamen wir schnell und recht gut voran. Flach auf unseren Rücken liegend, stiegen wir ab. Es war so steil, daß wir jedesmal, wenn wir unseren Kopf aus dem Schnee hoben, die unbegründete Angst hatten, daß wir nach vorn fallen würden.

Wir kamen auf diese Weise etwa 300 Meter nach unten, bis der Hang weniger steil wurde und wir unter dem Schnee auf Fels und Felsspalten stießen. Dann ging es über niedrige Felshügel, Gletschertöpfe und mit Schnee bedeckte Spalten. Endlich ließen wir dies hinter uns und erreichten die Küste. Eine Viertelstunde lang marschierten wir auf einem ebenen Strand. Von hier aus konnten wir zurück nach oben schauen und sahen eine schwache Linie, dünn wie der Faden einer Spinne, die stellenweise im Zickzackkurs nach unten lief: Es war unsere eigene Spur auf der unglaublich steilen Wand, die wir herabgestiegen waren.

Vorbei an einigen neugierigen Pinguinen, die aussahen wie lauter kleine Charlie Chaplins, und vielen See-Elefanten gelangten wir an die Stirnseite des großen Gletschers, der glücklicherweise nicht ganz ins Meer hineinragte.

Es gab langgestreckte Niederungen, bedeckt mit Geröll, dem Abfall des großen Gletschers, in den wir bis zur Hälfte der Unterschenkel einsanken wie in Treibsand. Am Kopf von Stromness Bay kamen wir am Strand über eine halbe Meile gut voran. Dort sahen wir Rentierspuren und einen toten See-Elefanten, den wohl ein »Sportschütze« erschossen hatte. Dann bahnten wir uns über einige niedrige Felswände und über unebenes Gelände einen Weg landeinwärts. Als wir höher stiegen, kamen wir leichter voran und suchten nun nach dem besten Weg in die Stromness Bay hinein, eine große, gabelförmige Meerenge, in der sich drei Walfangstationen befanden – Husvik, Stromness und Leith –, die alle von Norwegern betrieben wurden, obwohl die Station Leith Lord Salvesen gehört. Leith und Stromness lagen näher, aber die Frage war, welche wir leichter erreichen konnten. Sir Ernest entschied sich für Stromness, und wir hielten uns daher ein wenig weiter nach rechts.

Bald marschierten wir locker voran. Plötzlich brach Crean ein und versank bis zur Hüfte in eisigem Wasser. Ohne es zu wissen, waren wir über einen See gelaufen. Wir zogen ihn heraus und zogen uns schnell, aber vorsichtig auf die nächste Anhöhe zurück.

Dort aßen wir einen Zwieback, etwas Müsli, drei oder vier Stück Zucker und tranken etwas Schneewasser. Crean war ein wenig kalt, aber sonst blieb sein Bad ohne Auswirkungen.

Wir marschierten wieder hoch durch unwegsames Gelände und standen schließlich um 13.15 Uhr auf einem 1000 Meter hohen Gipfel, von dem aus wir auf Stromness Bay hinunterblickten. Zwei Walfangschiffe lagen in der Bucht und sahen aus wie kleine Insekten auf dem Wasser. Wir konnten auch einen Teil der Station sehen. Ich rief und winkte, wurde aber natürlich weder gesehen noch gehört. Zum dritten Mal schüttelten wir uns die Hände. Es war nun bewölkt, und es wehte ein schwacher Südwind.

Der Hang hinunter zur Station war sehr steil, aber ich hätte diesen Weg bevorzugt. Sir Ernest meinte jedoch, er sei zu steil, und wir hielten uns nach links in ein Tal hinunter.

Auf den Monat genau sechs Jahre später glitt ich diesen Hang in der Hocke 150 Meter weit durch weichen tiefen Schnee hinunter. Es war zwar steil, aber durchaus zu bewältigen. Dies zeigt, wie weit die zusätzliche Entfernung war, die wir unnötig zurücklegen mußten, weil wir keine Vorstellung von der Beschaffenheit des Geländes hatten, über die uns auch die Karte keinen Aufschluß gab.

Das kleine Tal, welches wir hinabstiegen, wurde enger und steiler, bis wir gezwungen waren, im eiskalten, stellenweise knietiefen Wasser weiterzumarschieren. Ich erinnere mich, daß wir es als große Härte empfanden, das letzte Stück unseres Weges in diesem fürchterlich kalten Wasser zurücklegen zu müssen.

Plötzlich war die Schlucht zu Ende. Da war nur noch ein Abgrund und ein Wasserfall und an den Seiten der Schlucht fast senkrechte Wände. Falls wir nicht eine Meile weit den Fluß wieder hinaufgehen wollten, gab es keinen anderen Weg, als den etwa 15 Meter tiefen Wasserfall hinunterzuklettern.

Wir sahen uns die Sache an und schauten dann einander an – es war klar, daß uns die Vorstellung nicht behagte, aber noch viel weniger wollten wir den Fluß wieder hinaufsteigen. Es gab keine Stelle, an der wir das Seil hätten festmachen können, aber der massive Felsen, auf dem wir standen, hatte eine kleine Ausbuchtung nach oben, und dahinter befand sich eine kleine Senke.

Wir ließen das Seil den Wasserfall hinab und führten es über die Ausbuchtung und in die Senke hinein. Es war noch ein Faden übrig, den ich zusammenwickelte und so fest ich konnte unter den Felsen in die Senke hineintrat. Dann warfen wir die Axt und den Kochtopf auf die Felsen unterhalb des Wasserfalls. Es war recht leicht, das Seil über dem rauhen Felsen zu halten, und ich schlug Sir Ernest vor, daß ich als der Leichteste zuletzt gehen wollte und sie mich auffangen könnten, falls das Seil nachgab. Er ging als erster in den Wasserfall, rutschte ohne Probleme hinunter und stellte sich auf einen Felsen auf einer Seite. Crean ging als nächster und stellte sich auf die andere. Dann ließ ich mich vorsichtig über die Kante gleiten und rutschte dann nach Seemannsart schnell hinab, um das Seil nicht zu belasten, bevor ich die ausgestreckten Arme meiner Gefährten erreichte. Dann hielt ich inne und erwartete, daß das Seil mit mir herabfallen würde, als sie mich auffingen. Zu meiner Überraschung hielt es, und dann geschah etwas Seltsames. Alle drei zogen und rissen wir an dem Seil, konnten es aber nicht losbekommen, obwohl es lediglich über dem Felsen lag und nirgendwo festgemacht war. Es kann sein, daß es angefroren war; wir ließen es jedenfalls, wo es war, hoben die Axt und den Kochtopf auf und kletterten die Felsen entlang, bis wir schneebedeckte Hügel erreichten. Wir gingen eine halbe Meile weiter, bevor wir einige gefrorene Sumpfniederungen erreichten, die eisglatt waren. Hier, fast am Ende unseres Weges, hatten wir fast einen Unfall. Die Schrauben, die wir zu Beginn unseres Unternehmens in die Sohlen unserer Stiefel gesteckt hatten, hatten sich während des 36stündigen Marsches so weit abgenutzt, bis sie bündig mit den Sohlen abschlossen und ihre Funktion nicht mehr erfüllten. Daher rutschten wir aus und stürzten aufgrund unserer Erschöpfung mehrmals schwer. Das nahm uns arg mit und ärgerte uns sehr, weil wir eigentlich angenommen hatten, unsere Probleme endlich hinter uns gelassen zu haben. Crean stürzte direkt in die Schneide der Axt und hätte sich um Haaresbreite ernsthaft verletzt. Zumindest zerschnitt er sich einen Teil seiner Kleidung. Ich glaube, wir haben die Axt dann weggeworfen.

Nun waren es nur noch einige hundert Meter bis zur ersehnten Station. Bisher hatte uns noch niemand bemerkt.

Kurz vor dem Ziel versuchte ich, meine Lumpen ein wenig zu ordnen. Sir Ernest erzählte dies später gern, um mich aufzuziehen. Ich hätte gesagt: »Boß, es kann sein, daß dort Frauen sind.« Sir Ernest: »Na und?« Darauf ich: »Na ja, wie sehen wir denn aus. Aber ich habe vorgesorgt.« Sir Ernest: »Aha, wie denn?« Und dann berichtete er: »Worsley holte drei große Sicherheitsnadeln hervor. Ich bat ihn um eine davon, aber er sagte: ›Auf keinen Fall‹ und steckte seine Kleidung zusammen; als Crean und ich aber das Ergebnis inspizierten, stellte sich heraus, daß er den Zustand seiner Kleidung dadurch nur noch betont hatte.«

Glücklicherweise gab es dort keine Damen, aber wir waren dennoch ein fürchterlich aussehendes Trio von Vogelscheuchen. Wir hatten uns so aneinander gewöhnt, daß es uns nichts ausmachte – zerlumpt, verschmutzt und stinkend, seit drei Monaten nicht gewaschen und seit sieben Monaten kein Bad oder frische Kleidung. Glücklicherweise waren wir frei von Ungeziefer.

Es war 15 Uhr. Als wir um das erste Gebäude herumkamen, trafen wir auf einen Norweger mit einer Schubkarre. Sir Ernest fragte ihn, wo wir Captain Sorlee finden könnten. Er starrte uns verwundert an, grunzte und ging weiter.

Als nächstes trafen wir zwei 17- oder 18jährige norwegische Jungen. Ich glaube, sie hielten uns für Teufel; jedenfalls rannten sie weg.

Wir gingen weiter zu Sorlees Haus und trafen dort auf einen Vorarbeiter, den wir nach Captain Sorlee fragten. Er fragte: »Was wollt ihr von ihm?« Shackleton antwortete: »Ich möchte ihn sprechen. Ich kenne ihn.« Der Mann ging hinein und sagte zu Sorlee: »Draußen stehen drei seltsame Gestalten, die behaupten, Sie zu kennen.« Sorlee kam heraus, und Shackleton fragte: »Erkennen Sie mich, Sorlee?« Sorlee sagte: »Nein.« Dann fragte ich: »Erkennen Sie mich?« Er sah mich an und verneinte wieder entschieden. Es war deutlich, daß er mich auch nicht kennen wollte! Als Shackleton ihm erzählte, daß wir unser Schiff verloren und die Insel durchquert hatten, zog Sorlee uns fast ins Innere des Hauses. An der Schwelle legten wir, uns unseres Zustands schämend, unsere Stiefel und einen Teil unserer Kleidung ab.

Sir Ernest merkte höflich an: »Ich fürchte, wir riechen nicht sehr gut.« Sorlee antwortete jedoch: »Das macht nichts. Auf einer Walfangstation sind wir daran gewöhnt!«

Wie von Zauberhand erschien ein zivilisierter Nachmittagskaffeetisch, und während wir Kuchen, Brot und Scones aßen und Kaffee tranken, erzählten wir Sorlee einiges von unserem Abenteuer. Er berichtete uns drei Ahnungslosen, die keine Vorstellung davon hatten, was in der Welt passiert war, vom immer noch andauernden Weltkrieg.

Sir Ernest bat Sorlee, uns zu fotografieren, aber dieser hatte leider keinen Film, so daß der Welt ein Foto ihrer drei schmutzigsten Männer entging.

Mittlerweile hatte Sorlees Steward das erste heiße Bad vorbereitet. Während einer von uns badete, rasierte sich der andere. Wir zogen uns aus und sahen uns an. Alle drei hatten blutig geschürfte Schenkel, die fast aussahen wie rohes Fleisch. Wir waren von zahlreichen Spuren unserer Tortur gezeichnet. Wir erwarteten, daß es mindestens zwei Wochen dauern würde, bis die Wunden geheilt wären, aber wir waren so abgehärtet und bei so guter Kondition, daß schon drei oder vier Tage später nichts mehr zu sehen war.

Was für ein Luxus dieses Bad war! Als wir uns einseiften, wuschen, unsere erschöpften und steifen Glieder im heißen, sauberen Wasser entspannten und danach in frische Unterwäsche und Kleidung schlüpften, schien es uns fast so, als habe das, was wir durchgemacht hatten, sich allein schon für dieses Bad gelohnt.

Wir waren 36 Stunden lang hart marschiert; in gerader Linie hatten wir 20 bis 22 Meilen zurückgelegt; angesichts unseres Zickzackkurses wahrscheinlich das Doppelte. Mit unserer Ausrüstung im tiefen Schnee gehend, Tritte ins Eis schlagend, hatten wir etwa dreieinhalb Meilen pro Stunde geschafft, und das mit Füßen, die nicht in bester Verfassung waren, und in einer Höhe von über 1200 Metern. Umgerechnet auf ebene Strecke, entsprachen unsere Strapazen mehr als 120 Meilen unter normalen Bedingungen.

Captain Sorlee, unser Gastgeber, war ein großzügiger Mann voller Mitgefühl, der alles für uns tat. Er war der Manager der Tonsberg Whaling Company und stellte uns sämtliche Ressourcen der Station zur Verfügung. Er lieh Sir Ernest ein dampfgetriebenes Walfangschiff, um unsere drei Gefährten aus der King Haakon Bay zu holen.

Insbesondere Sorlees Steward kümmerte sich um uns wie eine Henne um ihre drei Küken und betrachtete uns augenscheinlich als sein persönliches Eigentum.

Vor dem Bad sah ich mich selbst im Spiegel und erkannte, warum Sorlee mich mit besonderem Abscheu behandelt hatte. Als ich drei Tage zuvor versucht hatte, mein Gesicht mit Schnee zu waschen, hatte ich Ruß und Tran zu einer haltbaren Paste poliert. Das Resultat war immer noch fürchterlich anzusehen.

Nach dem Bad, der Rasur und mit frischer Kleidung fühlten wir uns sauber, stolz und glücklich und verzehrten mit unserem Gastgeber ein königliches Mahl.

Kurz darauf ging ich an Bord des Walfangschiffes *Samson*, um nach King Haakon Bay zurückzukehren und die drei Männer zu holen, die wir dort unter dem Boot zurückgelassen hatten. Als das Schiff die Stromness Bay verließ, legte ich mich in einer bequemen Koje mit sauberen Laken zum Schlaf nieder. Es war 21 Uhr, und das letzte Geräusch, das ich wahrnahm, war das Wüten eines an Stärke zunehmenden Südoststurms, der fünf oder sechs Stunden nach unserer Ankunft eingesetzt hatte. Hätten wir die Durchquerung in dieser Nacht versucht, dann wären wir unrettbar verloren gewesen. Später erzählten uns die Norweger, daß es während des restlichen Winters nicht einen Tag gegeben hatte, der schön genug gewesen wäre, daß wir in den Bergen hätten überleben können. Die Vorsehung hatte es wirklich gut mit uns gemeint.

Drei oder vier Wochen später stellten Sir Ernest und ich beim Vergleich unserer Aufzeichnungen fest, daß wir beide das seltsame Gefühl gehabt hatten, eine vierte Person habe unseren Marsch begleitet. Crean bestätigte diese Empfindung ebenfalls.

Nach elf Stunden erfrischenden Schlafes erwachte ich als ein neuer Mensch. Wir hatten den westlichsten Punkt South Georgias umfahren und näherten uns der Einfahrt zur King Haakon Bay. Ich warnte den Kapitän vor einem Riff fast drei Meilen vor der nördlichen Landzunge, das wir vom Boot aus gesehen hatten, und ging dann hinunter, um ein ausgedehntes Frühstück zu mir zu nehmen. Ich war gerade fertig damit, als ich einen schweren Stoß fühlte und an Deck rannte. Ich sah, daß wir wirklich auf dieses Riff aufgelaufen waren. Glücklicherweise hatten wir es nur gestreift, und es war kein ernstlicher Schaden entstanden. Bei klarem Wetter passierten wir unsere Grotte und das Plateau mit den Albatrossen und sichteten bald das umgedrehte Boot. Ein Signal der Schiffspfeife bewirkte, daß unsere Männer hastig unter dem Boot hervorkrochen.

Wir warfen den Prahm aufs Wasser, und der Kapitän, ein Vollmatrose und ich sprangen hinein und waren drei Minuten später am Strand. Ich war in einen neuen norwegischen Anzug gekleidet und hatte die Taschen vollgestopft mit Pfeifen, Tabak, Zigaretten und Streichhölzern. Als ich hinter den Norwegern, die unsere Männer begrüßten, heraufkam, hörte ich, wie McCarthy enttäuscht sagte: »Ich hätte schon gedacht, daß der Skipper mit zurückgekommen wäre.« Ich grinste. »Hier bin ich doch.« Sie starrten mich an. Sauber und frisch rasiert wie ich war, hatten sie mich für einen Norweger gehalten. Sie fielen wie die Tiger über den Tabak her und waren überglücklich.

Dann brachten wir zusammen die *James Caird* an den Strand herunter und ließen sie zu Wasser. Wir hatten das Boot und die Männer bald an Bord und dampften mit voller Geschwindigkeit zurück nach Stromness.

In dieser Nacht war der Südoststurm so stark geworden und die Sicht so schlecht, daß selbst der erfahrene Kapitän des Walfängers den Weg in die Bucht nicht fand und wir erst am nächsten Tag 20 Meilen weiter die Küste hinunter in Grytviken anlegen konnten.

In der Zwischenzeit hatte Sir Ernest den Walfänger *Southern Sky* für uns organisieren können, um unsere Männer von Elephant Island zu retten. Am Nachmittag brachten wir unser Boot in Leith an Land. Die Norweger ließen nicht zu, daß wir selbst Hand anlegten, und jeder, der dabei war, rühmte sich, die *James Caird* auf den Kai befördert zu haben. Für Shackleton muß es einer seiner stolzesten Momente gewesen sein. Das spontane und herzliche Staunen und die Bewunderung dieser Wikingersprößlinge war sehr ergreifend.

Abends sagte der Leiter der Station Sir Ernest, daß eine Reihe alter Kapitäne und Seeleute den Wunsch hatte, uns zu sprechen und uns die Hände zu schütteln. Wir gingen in einen großen, von Tabakrauch vernebelten Raum, in dem viele Kapitäne, Maate und Matrosen auf uns warteten. Drei oder vier weißhaarige Seeveteranen traten vor; einer hielt eine Rede auf norwegisch, und Sorlee übersetzte. Er sagte, er sei mehr als 40 Jahre zur See gefahren; er kenne den südlichen Ozean wie seine Westentasche, von South Georgia bis Kap Hoorn, von Elephant Island bis zu den südlichen Orkneys, und er habe noch nie von einem solch wunderbaren Beispiel seemännischen Wagemuts gehört wie das, ein sieben Meter langes, offenes Boot von Elephant Island nach South Georgia zu bringen und dann zur Krönung noch das Eis und den Schnee der felsigen Höhen des Inlandes zu überqueren. Er betrachte es als eine besondere Ehre, Sir Ernest und seine Kameraden zu treffen und ihnen die Hände schütteln zu dürfen. Er beendete seine Rede mit einer dramatischen Geste: »Dies sind wahre Männer!«

Alle anwesenden Seeleute traten dann vor und schüttelten uns einer nach dem anderen feierlich die Hände. Diese Ehrbezeugung war für uns von besonderer Bedeutung, da sie von Seeleuten kam, von Männern unseres Schlages und Mitgliedern einer großen Seefahrernation, und wir alle waren sehr stolz.

Am nächsten Morgen sorgte Shackleton dafür, daß McCarthy, McNeish und Vincent mit dem nächsten Dampfer nach England zurückkehren konnten. Dann brachen er, Crean und ich an Bord des Walfangschiffes *Southern Sky* unter Kapitän Thom von der Husvik Station in Stromness Bay auf. Das Deck des Schiffes war hoch beladen, da wir genug Kohle aufnehmen mußten, um zunächst Elephant Island und danach die Falklandinseln zu erreichen.

Es war Shackletons Ziel, die Männer auf Elephant Island zu retten. Während der folgenden 100 Tage hatten er, Crean und ich gegen die Elemente und alle Arten von Schwierigkeiten zu kämpfen, um dieses Ziel zu erreichen.

Wir verbrachten den gesamten Winter mit vier Rettungsversuchen in vier verschiedenen Schiffen. Einige Leute hielten Shackleton für verrückt, weil er kleine zerbrechliche Schiffe mitten im Winter so weit nach Süden ins Packeis führen wollte, aber seine Sorge um seine Männer ließ ihm keine Ruhe. Während dieser 100 Tage ging er durch die Hölle. Es hat mich immer mit tiefer Genugtuung erfüllt, daß mein ungebrochener Optimismus ihm manchmal Anlaß zu Späßen bot und die Last, die während dieser Tage voller Stürme und Mißgeschicke auf ihm lag, ein wenig mildern konnte. Aber die Linien in seinem Gesicht wurden tiefer, und sein dichtes, welliges Haar durchzog sich mit grauen Strähnen.

In der *Southern Sky* kamen wir bis auf 60 Meilen an Elephant Island heran, mußten aber dann umkehren, weil wir auf Packeis trafen, in Schneestürme gerieten und weil unser Kohlevorrat nicht ausreichte. Wir kehrten auf die Falklandinseln zurück. Von dort aus schickte Shackleton Telegramme an seine Frau und an den König, um sie über unsere Rettung und die Lage unserer Männer auf Elephant Island zu informieren. Die Antwort Seiner Majestät lautete: »Hoch erfreut, von Ihrer sicheren Ankunft auf den Falklands zu hören, und voller Zuversicht, daß Ihre Gefährten auf Elephant Island bald in Sicherheit sein werden. König Georg I.«

Den zweiten Versuch unternahmen wir in dem Trawler *Institutio Pesca No. 1*, welcher Shackleton großzügigerweise von der uruguayischen Regierung zur Verfügung gestellt wurde. Mit diesem Schiff gelangten wir bis auf 18 Meilen an unser Camp auf Elephant Island heran, wurden dann aber erneut durch das verfluchte Packeis zurückgeworfen, das dicht zwischen uns und der Insel lag und sich in der Nordwestdünung hob und senkte. Hätten wir den ungeschützten Trawler in dieses Packeis gezwungen, dann wäre er wie ein Benzinkanister zerdrückt worden, bevor wir auch nur ein Drittel des Weges zurückgelegt hätten. Wir kehrten mit fast leeren Kohlebunkern nach Port Stanley zurück.

Von den Falklands gingen wir nach Punta Arenas in der Magellanstraße. Die dort lebenden britischen Staatsbürger und die Chilenen stellten uns großzügig 1500 Pfund zur Verfügung, die es Shackleton ermöglichten, den Schoner *Emma* zu chartern und auszurüsten. Dieser war an der Wasserlinie 20 Meter lang. Ich habe schon kleine Segelschiffe in einigen der stürmischsten Meere der Welt kommandiert, aber diesen kleinen Schoner mit seinem 12 Meter hohen Mast mitten im Winter von Kap Hoorn aus nach Süden ins Packeis zu prügeln war etwas ganz anderes. Wir nahmen einen prächtigen, fröhlichen kleinen Chilenen an Bord, Leutnant Leon Aguirre, dessen Ausrüstung aus Ölzeug, Stiefeln und einer Gitarre bestand. Außerdem heuerten noch sechs Männer unterschiedlicher Nationalitäten an. Einer kam aus der Republik Andorra, und ein anderer hatte gerade ein Jahr wegen Wilderns von Seehunden im Gefängnis verbracht. Er erwies sich jedoch als ein guter Seemann.

Dieses Mal trafen wir 100 Meilen nördlich von Elephant Island auf Packeis und fuhren hinein. Der Motor versagte schon bald, wir mußten einige schwere Stöße von dem wogenden Eis hinnehmen und waren, da das Schiff dabei beschädigt wurde, zur Umkehr gezwungen. Wir waren froh, entronnen zu sein, denn wir hätten nicht nur das Schiff und unser Leben verloren, wenn wir weiter ins Packeis vorgedrungen wären, sondern darüber hinaus die Rettung der Männer verzögert, die auf uns warteten.

Für den vierten Versuch kam uns die chilenische Regierung großmütig zu Hilfe. Sie lieh Shackleton den Dampfer *Yelcho*. Zu Beginn gab es eine willkommene Veränderung: schönes Wetter vor Kap Hoorn. Dann aber mußten wir uns unseren Weg durch Nebel und Eis in die nordwestliche Brandung vor Elephant Island bahnen. Schließlich fanden wir das Camp.

Während ich die *Yelcho* zwischen gestrandeten Eisbergen und versteckten Riffs manövrierte, blickte Shackleton mit schmerzlicher Sorge durch sein Fernglas. Ich hörte den angespannten Ton in seiner Stimme, als er die Gestalten zählte, die unter dem umgedrehten Boot hervorkrochen. »Zwei – fünf – sieben –« und dann der Jubelschrei: »Sie sind alle da, Skipper. Sie sind alle in Sicherheit!« Sein Gesicht leuchtete, und Jahre schienen von ihm abzufallen. Wir drei schüttelten uns feierlich die Hände, als ob wir an einem seltsamen Ritual teilnähmen.

Eine Dreiviertelstunde später hatten wir alle Mann an Bord und dampften mit voller Geschwindigkeit zurück nach Kap Hoorn. Es war wunderbar, das Glück und den

Enthusiasmus unserer Gefährten zu teilen. Shackleton wirkte wie ein eitler, aber hingebungsvoller Vater mit seinen Kindern um sich herum. Ich fühlte mich wie ein erfahrener Mann von Welt, der armen, primitiven Menschen berichtet, was sie in der Zivilisation zu sehen bekommen würden und was sich in der Welt abspielte.

Sie hatten eine fürchterliche Zeit hinter sich, als sie so geduldig wie möglich in ihrer armseligen Unterkunft gewartet und wider alle Vernunft gehofft hatten, daß das Boot nicht mit uns zusammen untergegangen wäre. Frank Wild hatte sie mit seiner Zuversicht aufrecht gehalten. Jeden Morgen hatte er gerufen: »Alles zusammenpacken! Macht euch bereit, Jungs; es könnte sein, daß der Boß heute kommt!« Shackleton hatte allen Grund, stolz zu sein. Denn er konnte sich rühmen, niemals das Leben auch nur eines Mannes verloren zu haben, wenn er für eine Gruppe verantwortlich war.

Sehr bald nach unserer Rettung leisteten all unsere Gefährten ihren Dienst im Krieg. Sechs Monate später ging unser bester Vollmatrose, Timothy McCarthy, mit seinem Schiff unter, bis zur letzten Sekunde kämpfend.

Sechs Jahre später blickte ich auf Shackletons Grab und das Grabmal, welches wir, seine Kameraden, auf einem windigen Hügel in South Georgia errichtet hatten, und dachte über seine großartigen Leistungen nach. Es schien mir, als sei bei all seinen Triumphen sein einziger Mißerfolg zugleich der großartigste Erfolg gewesen. Durch Selbstaufopferung und dadurch, daß er sein eigenes Leben riskiert hatte, hatte er jeden einzelnen seiner Männer gerettet; obwohl es zeitweise so aussah, als ob wir alle verloren seien, hatte nicht einer sein Leben verloren.

Shackletons herausragendste Charaktereigenschaft war seine Sorge um das Wohlergehen und Überleben aller seiner Männer.

Teilnehmer der Antarktis-Expedition 1914–1916

Sir Ernest H. Shackleton	Expeditionsleiter
Frank Wild	stellvertretender Expeditionsleiter
Frank A. Worsley	Kapitän der *Endurance*
Hubert Hudson	Navigationsoffizier
Lionel Greenstreet	Erster Offizier
Tom Crean	Zweiter Offizier
Alfred Cheetham	Dritter Offizier
Louis R. Rickinson	Ingenieur
A. R. Kerr	Zweiter Ingenieur
Dr. James A. McIlroy	Arzt
Dr. Alexander H. Macklin	Arzt
Robert S. Clark	Biologe
Leonard D. A. Hussey	Metereologe
James M. Wordie	Geologe
Reginald W. James	Physiker
George Marston	Maler, Künstler
Captain Thomas Orde-Lees	Maschinist, Offizier
Frank Hurley	Fotograf
Harry McNeish	Zimmermann
Charles Green	Koch
Percy Blackborrow	blinder Passagier, Steward
John Vincent	Bootsmann
Timothy McCarthy	Vollmatrose
Walter How	Vollmatrose
William Bakewell	Vollmatrose
Thomas McLeod	Vollmatrose
H. Stephenson	Heizer
A. Holness	Heizer

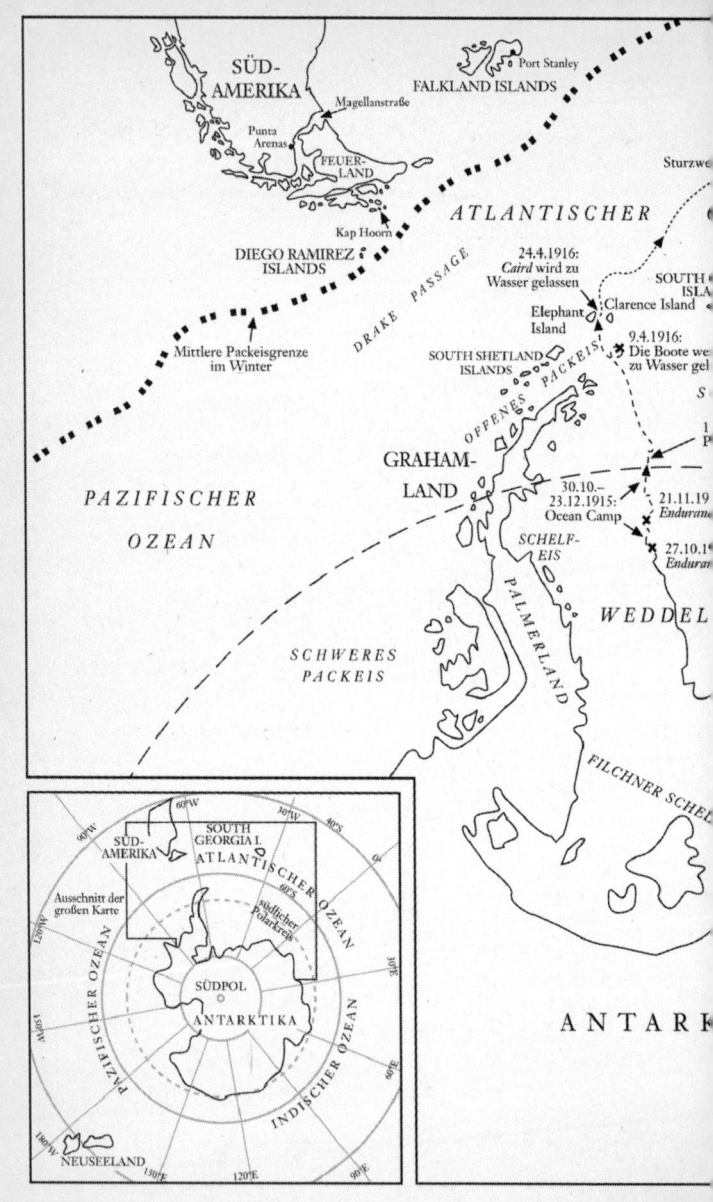

SÜD-
AMERIKA

Port Stanley
FALKLAND ISLANDS

Magellanstraße

Punta
Arenas

FEUER-
LAND

ATLANTISCHER

Sturzwe

Kap Hoorn

DIEGO RAMIREZ
ISLANDS

24.4.1916:
Caird wird zu
Wasser gelassen

SOUTH
ISLA
Clarence Island

DRAKE PASSAGE

Elephant
Island

9.4.1916:
Die Boote we
zu Wasser gel

Mittlere Packeisgrenze
im Winter

SOUTH SHETLAND
ISLANDS

PACKEI

S

OFFENES

GRAHAM-
LAND

PAZIFISCHER

OZEAN

30.10.–
23.12.1915:
Ocean Camp

1
P

21.11.19
Enduran

WEDDEL

27.10.1
Enduran

SCHELF-
EIS

PALMERLAND

SCHWERES
PACKEIS

FILCHNER SCHEL

ANTARK

60°W
30°W
30°S
SÜD-
AMERIKA

SOUTH
GEORGIA I.
ATLANTISCHER OZEAN

0°

Ausschnitt der
großen Karte

60°S

südlicher
Polarkreis

60°W

90°W

120°W

SÜDPOL
ANTARKTIKA

PAZIFISCHER OZEAN

INDISCHER OZEAN

30°E

60°E

90°E

180°W

NEUSEELAND

150°E

120°E

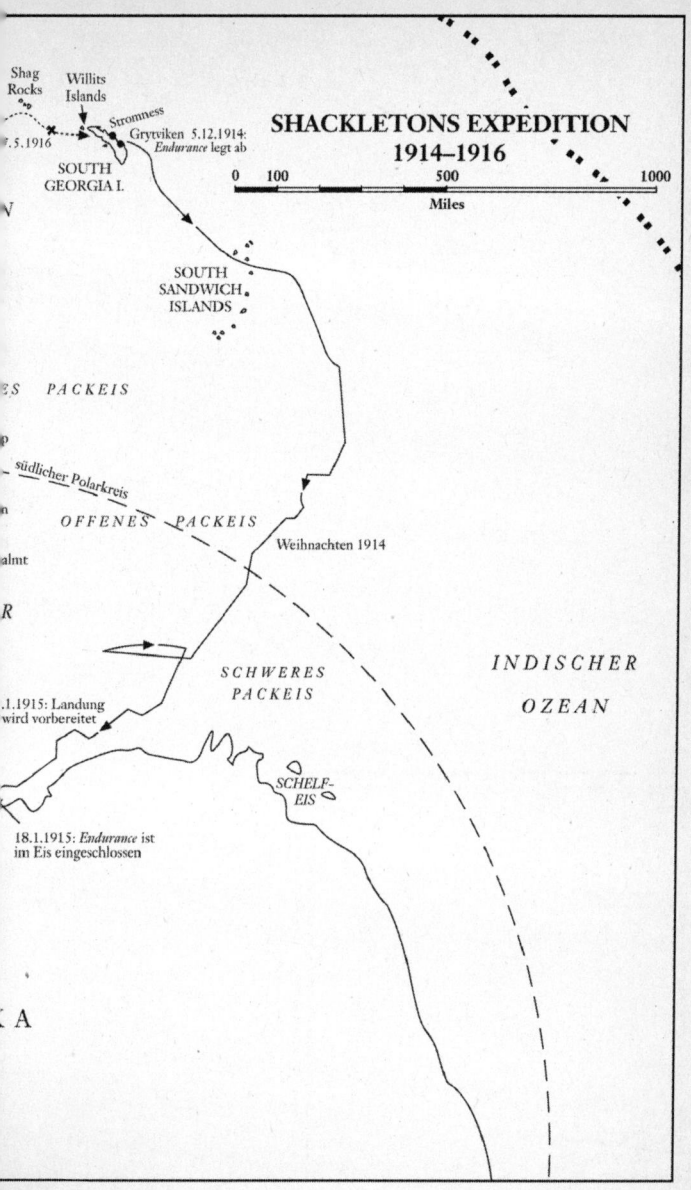

Shag Rocks

Willits Islands

Stromness

Grytviken 5.12.1914: *Endurance* legt ab

7.5.1916

SOUTH GEORGIA I.

SHACKLETONS EXPEDITION 1914–1916

0 100   500   1000

Miles

SOUTH SANDWICH ISLANDS

ES PACKEIS

südlicher Polarkreis

OFFENES PACKEIS

Weihnachten 1914

almt

R

SCHWERES PACKEIS

INDISCHER OZEAN

.1.1915: Landung wird vorbereitet

SCHELF-EIS

18.1.1915: *Endurance* ist im Eis eingeschlossen

A

Der Weg ist das Ziel

Grüne Hölle und sengende Wüste, ewiges Eis und tosendes Meer, Mount Everest und K2 – die extremsten Gegenden der Erde haben den Menschen schon immer magisch angezogen. Und umgebracht. Denn die Natur ist nicht nur atemberaubend schön, sondern oft auch unerbittlich und grausam. Lassen Sie sich mitreißen von den waghalsigen Abenteuern der Männer und Frauen, die mit den vier Elementen, ihren Kameraden oder sich selbst ums nackte Überleben ringen. In den packenden Geschichten, die Clint Willis zusammengetragen hat, kämpfen die Helden gegen klirrende Kälte und dünne Luft, gegen tosenden Seegang und drohende Erschöpfung, gegen die Wildnis an sich und die eigene Angst. Erleben Sie Ihr blaues Wunder und genießen Sie ein abgebrühtes, wind- und wettergegerbtes Lesevergnügen.

Clint Willis

Überleben auf dem Wasser
Geschichten von F. A. Worsley, Herman Wouk, Sebastian Junger u.a.

Überleben im Eis
Geschichten von Robert F. Scott, Ernest Shackleton, Richard E. Byrd u.a.

Überleben in Höhen
Geschichten von Chris Bonington, Lene Gammelgaard, F. S. Smythe u.a.

Econ | **ULLSTEIN** | List

»Der Grund dafür, daß Bergsteiger sich nicht abschrecken lassen, scheint mir darin zu liegen, daß sie aus jeder Tragödie, die sich ereignet, ihre Lehren zu ziehen versuchen. Aber die wirkliche, letztgültige Lehre ist eigentlich, daß die Natur sich eben nicht kontrollieren läßt. Und für diese Erkenntnis, auf welch schmerzliche Art ich sie auch lernen mußte, bin ich dankbar.«
Lene Gammelgaard

Scott Fischers tragische Mount-Everest-Expedition im Frühjahr 1996 sorgte weltweit für riesiges Aufsehen. Sie geriet beim Abstieg in einen wütenden Sturm, in dem insgesamt acht Bergsteiger starben. Die Dänin Lene Gammelgaard erlebte die schreckliche Tragödie am eigenen Leibe. Voller Abenteuergeist war sie aufgebrochen, um ihre Kräfte am höchsten Gipfel der Welt zu testen. Doch hatte sie kaum geahnt, daß sie ganz oben, in der sogenannten Todeszone, tatsächlich alleine stehen würde: Hilflos mußte sie zusehen, wie einige Gefährten starben – darunter auch der Bergführer, ihr Freund Scott Fischer.

Lene Gammelgaard

Die letzte Herausforderung
Wie ich die Tragödie am Mount Everest überlebte

Mit zahlreichen Abbildungen

Deutsche Erstausgabe

List GRANDE

Der packende Bericht einer außergewöhnlichen Frau, die durch schiere Willenskraft den Gipfel der Welt bezwang.

Econ | **ULLSTEIN** | List